大都會文化
METROPOLITAN CULTURE

大都會文化
METROPOLITAN CULTURE

把生意做大

77個創意致富的故事

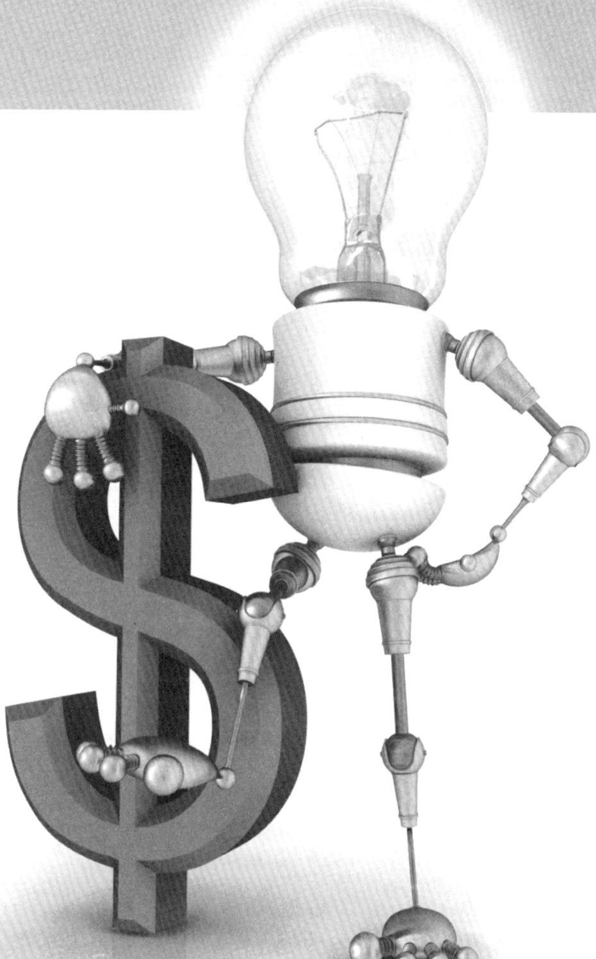

目錄

第一篇　處處留心，善用資源

第二篇　靈活變通，另闢蹊徑

CONTENTS

第三篇 借力使力，四兩撥千斤

第四篇 吸取新知，洞燭機先

第五篇 與眾不同，出奇制勝

第六篇 以客為尊，商機蓬勃

有人這樣感嘆：「我沒有錢，拿什麼去和別人競爭？」在這個什麼都有，什麼都不奇怪的時代中，經營者總得要靠著一些奇思怪想，加上獨到的見解與勇氣，才能創造出更多的黃金。常言，「創意」是智慧的結晶，是一種高智商的產物，有了它，發明家才能創造出傲人、豐碩成果，所以創意不僅是智慧，更是財富。

不要怨嘆自己為什麼不是富人？為什麼怎麼努力打拚就是不會變成有錢人？在少子化、時代快速變遷、薪資成長永遠趕不上物價膨脹的今天，要成為人人稱羨的富人、精英份子，就要多多動腦筋，多觀察市場環境，因為一成不變是無法跳脫失敗的夢魘的。

本書中的故事主角們，都擁有讓創意發光的智慧，這些智慧築成了一條讓你我舉一反三、觸類旁通、為自己開創新契機的光明大道。現在，只要花一點點時間，細細閱讀本書，你將立即茅塞頓開、豁然開朗，發現要找到讓人驚喜的創意，原來這麼簡單，這麼容易！

處處留心，
【第一篇】善用資源

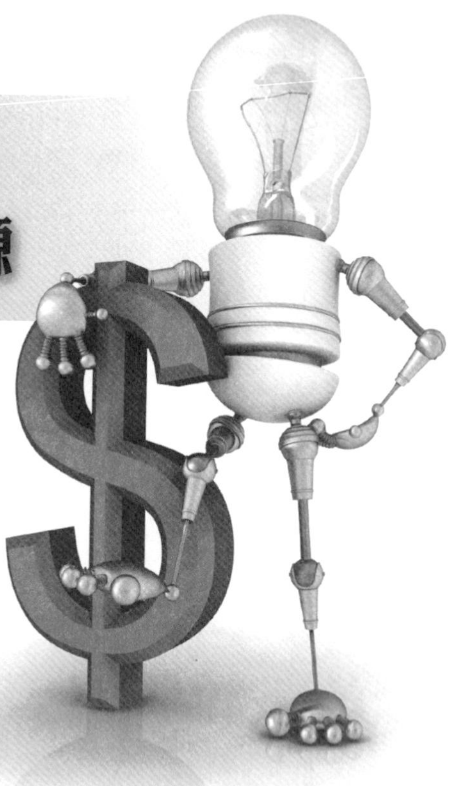

1 小沙漏鍊金術

新產品的開發和新市場的開拓，並非一定要親自去研發技術和市場調查，有時哪怕是生活中很小的一件事，就能觸動你發明創造的那根神經。例如：一條簡短的訊息、發現某種產品的缺陷、注意到某種需求在不斷增長等等。其實身邊一些熟視無睹的事物中，往往孕育著最多的發明創造，而人們面對機遇，卻常常做出懷疑自己的反應：「能這麼容易嗎？」「別人早就想到了吧？」就這樣，他們與賺大錢的機會擦肩而過。其實，只要在生活中、經營中做一個有心人，就能成功。

西村金助是一個製造沙漏的小廠商。在時鐘未發明前，人們用沙漏來計算每日的時辰，時鐘問世後，沙漏已完成它的歷史使命。而西村金助卻把它作為一種古董玩具來生產銷售。

沙漏作為玩具，趣味性不高，孩子們自然不大喜歡它，因此銷量很小。但西村金助找不到其他比較合適的工作，只能繼續從事他的老本行。沙漏的需求越來越少，西村金助最後只得停產。唉聲嘆氣地過了幾天後，西村想開了，決定先好好休息和輕鬆一下，生意的事等有機會再做。於是，他便每天都找些娛樂，看看棒球賽，讀讀書，聽聽音樂，或者帶著妻子、孩子外出旅遊。

一天，西村翻看一本講賽馬的書，書上說：「馬匹在現代社會裡失去了牠運輸的功能，但是又以高娛樂價值的面目出現。」在這不引人注目的兩行字裡，西村好像聽到了上帝的指示，高興地跳了起來。他想：「賽馬用的馬匹比運貨的馬匹值錢。是啊！我應該找出沙漏的新用途！」

就這樣，從書中偶得的靈感，使西村金助的精神重新振奮起來，把心思又全都放到他的沙漏上。經過幾天苦苦地思索，一個構思浮現在西村的腦海裡：做個限時三分鐘的沙漏，在三分鐘內，沙漏上的沙就會完全落到下面來，把它裝在電話機旁，這樣打長途電話時就不會超過三分鐘，電話費就可以有效地控制了。

想好努力的方向後，西村就開始動手製作。這個東西在設計上非常簡單，把沙漏的兩端嵌上一個精緻的小木板，再接上一條銅鏈，然後用螺絲釘釘在電話機旁就行了。不打電話時還可以作為裝飾品，看它點點滴滴落下來，雖是微不足道的小玩意，也能調劑一下現代人緊張的生活。

擔心電話費支出的人很多，西村金助的新沙漏可以有效地控制通話時間，售價又非常便宜。因此，一上市銷路就很不錯，平均每個月能售出三萬個。這項創新使看似沒有前途的沙漏轉瞬間成為生活中有益的用品，銷量成千倍地增加，原本形同倒閉的小工廠很快變成一個大企業。西村金助也從一個小企業主搖身一變，成了腰纏萬貫的富豪。

西村金助成功了，賺了大錢，而且是輕輕鬆鬆，沒費多大力氣。可是如果他不會運用潛在智慧，即使看了那本賽馬的書，也逃脫不了破產的厄運，還很可能成為身無分文的窮光蛋。

這則故事給人們一個啟示：成功會格外偏愛那些有心人。

2 拋出小玩意，引來大財富

二〇世紀二〇年代，美國一個糖果商羅賓，擁有一家糖果小廠和幾家小店，銷售狀況不理想。在眾多大廠的競爭之下，他雖然使出渾身解數，但都收效甚微。面對銷量越來越少的局面，他整天都在想：怎樣讓小孩子都來買我的「香甜牌」糖果呢？

有一天，羅賓被一群孩子玩遊戲的方式吸引住了。孩子們把幾顆糖果平均放在幾個小袋子裡，再由一個主持遊戲的人把一顆「幸運糖」（一顆較大粒的糖）放進其中某個袋子裡，不許別人看見，然後大家隨意選一個袋子，有幸拿到「幸運糖」的人就可以享受特權，即他是皇帝，其他人是臣民，每人要上貢一顆糖。羅賓思索著這種奇怪而有趣的遊戲規則，突然一個靈感闖入他的腦海，讓他欣喜若狂。他更具體的去思考細節，終於有了一套完整的計劃。

當時，美國的許多商店是以一分錢的價格賣糖果給小孩的。羅賓就在糖果包裝裡放一分錢的銅幣作為「幸運品」，並在報紙、電台打廣告詞：「打開，它就是你的！」這一招很有效果，因為如果買的糖果附有銅幣就等於完全免費，孩子們都爭相購買。羅賓也把「香甜」這個名字改為「幸運」。他除了大量投入生產外，還不惜血本招來許多經銷商，另外再大作廣告，將「幸運糖」描繪成一種可以獲得幸運機會的新鮮事物，並創造出一個可愛的小動物形象作為標誌，使消費大眾都非常熟悉。因為方法奇特新穎，立即聞名全國，羅賓的「幸運糖」銷量如有神助，迅速漲了幾百倍。

其他糖果商在此啟發下，一窩蜂模仿此法。羅賓就更進一步推出新活動，買中「幸運糖」的不僅免費，還可以獎勵幾顆糖。後來他在食品中放上其他物品，諸如玩具等，始終走在同行前面，轉眼間他就擁有八百多萬美元的資產。

羅賓拋出的雖然只是些小玩意兒，但引來的卻是一筆巨大的財富。

3「畫餅」成為「真餅」

日本的山本旅館僻處一隅，自開業以來一直生意清淡，正處於經營危機之中。

一天，旅館主人眼望著後面的荒山禿嶺出神。有道是：「天時、地利、人和」，而這裡既沒有奇特誘人的風景，又缺少舉世文明的文物古蹟，怎樣才能把顧客吸引來呢？望著，望著，主人有了主意……

不久，該城的大街小巷貼出一份奇特的海報，落款是「山本旅館啟」，海報上寫道：「親愛的旅客：您好！本旅館附近擁有常流的清泉，後山有大片空地，寬闊無邊，滿山的青草一望無際，在這廣闊的原野上，還有許多奇花異草點綴。這個美好的地方，專門留給投宿本店的旅客植樹之用。您若有雅興，歡迎前來種下小樹一棵，本店可委派專人為您拍照留念。樹上還可掛上一塊木牌，上面刻下您的尊姓大名和植樹日期。這樣，當您再度光臨之時，必定能看到親手栽下的小樹已經枝繁葉茂。本店只收取樹苗費二千日元，並將永久代管您植的樹。」

這張海報上的訊息很快就傳開了，人們互相轉告：「喂，我看在旅館後面植樹留念，倒真是一件挺有意義的事呢！」也有人說：「對呀，我的小孩剛好今年出生，要是去那兒給他種棵同齡樹，那該有多麼深的意義啊！」

很快，山本旅館不再為客源發愁了，種植紀念樹的人紛紛而來，呈現一派熱鬧非凡的景象。客人中，有天真爛漫的兒童、舞墨吟詩的文人；有腰纏萬貫、一擲千金的巨富，也有專心學業、追求功名的學子；有治國安邦、日理萬機的政界要人，也有身微言輕、忙忙碌碌的尋常百姓。總之，五花八門，應有盡有。顯然，在他們的心中，都有著一片難以忘卻的鬱鬱綠洲。後來因顧客太多了，山本旅館全數留下了原本因經營困難而準備辭退的員工，更新招募了一批服務員。幾年後，山本旅館的後山上已是林木蔥鬱、風景迷人，呈現出誘人的景色。當然，旅館的主人也就此賺足了錢，而原先陳舊不堪的館舍也被雕樑畫棟、氣勢恢弘的山本賓館取代了。

一個巧妙的新說法，竟使「畫餅」成為「真餅」，可見語言的魅力有多大。

4 用收藏發大財

一九九四年三月二十二日，在中國滕州市墨子書院，李福民率世界之先舉辦「中外異形酒瓶展」，展出了他花費近二十年心血精心收藏的二千多支、一千五百餘種形狀奇特的酒瓶精品，吸引了十萬多名中外參觀者，各種媒體爭相報導。同年八月，在韓國舉辦的酒類博覽會，曾專邀他前往參加，李福民一下變成了「名人」。

其實李福民是滕州煙酒糖茶公司的營業員，只是他從小對收藏有興趣。一九七七年工作後，他的收藏興趣轉向了形狀奇特的酒瓶，閒暇之時，他便有意無意的琢磨酒瓶的形狀，從此與酒瓶結下了不解之緣。他認為人們長期以來只重視對酒質文化的研究，而不重視對酒包裝文化的研究，他要填補這一空白。

在李福民收藏的瓶子中，有一支寫著英文字母的酒瓶，它由厚厚的透明玻璃做成，瓶頸形狀有點像軍用水壺，一面呈半圓形，印有字母，另一面則是光滑的平面，瓶底有一凸出的狼頭，張著嘴。這是「杜松子狼牌酒」酒瓶，距今約百載，是第二次鴉片戰爭期間荷蘭軍人裝在衣袋裡的酒瓶。

這支瓶子的獲得也頗有意思。大約是一九九三年，他去北京出差，在圓明園遺址附近的廢品收購攤中，發現一個用麻繩拴著瓶頸、已呈深褐色且髒兮兮的瓶子，被小攤販扔在一邊，據說是原主人用了好幾輩子，一直盛煤油的。

李福民對酒瓶的研究頗有心得。酒瓶融文學、書法、繪畫、雕塑於一體，不僅具有一定的實用和經濟價值，同時也具有較高的考古、美學、文學價值，它不僅給人以藝術的享受，同時也給人以視野的開闊、知識的啟迪。

其他靠收藏發財的還有：收藏古幣，收藏電話卡，收藏煙盒、火柴盒等，各位不妨試一試。

5 小發明致富

做小生意要保持冷靜與客觀，針對別人的需要給予方便，生意做大的機會自然倍增。

五十八歲的商人麥士，辛辛苦苦積攢了一輩子才擁有微薄的存款。更不幸的是，他還患上了白內障，視力嚴重受損，甚至不能閱讀、寫字與駕駛。疾病令他十分沮喪，更擔心無以為繼，不忍心看著妻兒與自己一起挨餓。幸而轉念之間，他瞭解到視力不良者的不便與需要，慢慢研究出一種特別印刷的書籍，為他帶來豐厚的利潤。

麥士決定要尋找一種較容易閱讀的排版字體。他的視力不好，便盡量不在晚上工作。經過差不多一年的研究，麥士發現在紙上印的粗線條的斜紋字體，不但對視力有障礙的人大有幫助，一般人閱讀的速度，也會隨之增加。

麥士看出這門生意極具發展潛力，機不可失，他將僅有的微薄存款從銀行裡提取出來，把這組新研究而來的字體整理妥當，並進行全面推廣。麥士在加州自設印刷工廠，第一部特別印刷而成的書，不是什麼文學巨著，乃是居全球銷售量之冠的《聖經》。這種宣傳極具號召力，一個月內，麥士接到七十萬本《聖經》的訂單，使公司有足夠的財力擴展業務，在電視及報紙、雜誌上做廣告，從而獲得豐厚的報酬。

麥士從生活中得到啟示，發揮自己的才智，使自己成為生活的「主人」。

6 找到真空地帶

華商的布鞋曾一度在秘魯打開銷售大門。當地一家公司每月可銷中國布鞋五千多打。後來，秘魯當局在一九八五年頒布了一項法令：禁止紡織品和鞋子進口。銷售大門被關閉了。

華商經過分析，看到秘魯並沒有禁止製鞋設備、布鞋面進口。於是，他們當即決定：出口製鞋設備和布鞋面，在秘魯當地加工布鞋。加工過的布鞋面，既不算成品布鞋，也不屬於紡織品。

在國際商戰中，這種例子俯拾皆是。在美國，風行打獵和野餐，但他們不生產野餐用的烤爐。中國安徽、韓國和台灣的商人們就專門生產這種烤爐，出口給他們，每年交易額二千多萬美元。已開發國家的家庭普遍安裝有空調，但也需要電風扇來流通室內空氣。但是，許多已開發國家都不生產這種本大利小的產品。中國廣東佛山電風扇製造廠也及時抓住這個機會，將他們的大部分產品銷往這些國家。以自己之所有，填補他人之所無，正是智力型商人的一大法寶。

其實，在一些相同的產品中，尋找它們的相異點，或不同作用，或不同款式，或不同型號，或不同功率等，同中求異，也屬於上述的方法。

7 低買高賣，轉手進財

袁鵬原是中國湖南山區某小學教師，因不滿足每月只有那可憐巴巴的薪水，辭職棄教，來到了深圳。他先是替一家老闆做家教，之後，又轉到一間工廠做鐘點工，賴以餬口。他沒有正式的職業，但擁有敢冒風險不怕一切的精神。

他沒有房地產方面的知識，也不知道房地產經營是怎樣一回事，但他好奇，看到風起雲湧的房地產業如此熱門，便天天翻閱各種報刊，像《深圳特區報》、《羊城晚報》等，每天必讀，一字不漏。

袁鵬一點兒本錢也沒有，但他有敏銳的眼光和靈活的頭腦。通過讀報看書，他獲得一條有價值的訊息：一個工廠老闆打算獨資在深圳市郊開辦一家五億元的加工廠。他立刻意識到這裡頭大有賺頭。憑著自己的直覺，他馬上到市郊逛了幾圈，發現那裡的民房都是平房，而且破爛不堪，房主早已無意居住，但一時賣不出去。

於是，袁鵬四處出擊，從各方面打聽情況，證實了工廠老闆投資辦廠的意圖和地點確定之後，便趕緊來到市郊，找到了民房住戶，商談購房事宜。

當時，民房住戶並不知道這裡要拆遷建廠，而只想盡快將房子賣出去，換些現金，好搬遷異地。袁鵬便與房主幾番討價還價，最後以每平方公尺二百元人民幣的價錢，簽訂了房屋買賣合同。而且他又以打工賺錢不易為由，請求分期付款，先付房款的四成，兩個月後再付清。平房住戶不太情願，但看到袁鵬那情真意切的樣子，又擔心以後賣不掉，便答應下來。這樣，袁鵬就輕易地，得到了房子的所有權。

果然不出所料，兩個月後，工廠老闆向市政府申請辦廠徵地，那市郊平房正在徵地範圍之內，需要悉數拆遷。袁鵬便將房子賣給了老闆，轉手之間，賺得二十萬元，除了付給原房主五萬元外，淨賺了十五萬元。

袁鵬這轉手一賣，淨賺了十五萬元，看似簡單輕鬆，其實不然。這離不開他超乎常人的勇氣與魄力，也離不開他細膩地分析和周密地調查。

＊

韓明家住山東農村，幾年前前往北京打工。有一天，他與幾個朋友去逛街，路經一個瓜果市場。他們準備買一點水果吃，可那些水果昂貴的價格卻令他們這些打工族望而卻步。

忽然，他一眼瞥到一堆棗，那正是家鄉的大棗。何不買一點來吃呢？那在家鄉相當便宜，才幾毛錢一斤。於是，他問了一下價格，結果令他大吃一驚：四塊錢一斤！「這麼貴啊，你們的心也太狠了吧！」身邊的一位同鄉說。

說者無意，聽者有心。韓明想，這大棗的兩地差價這麼大，這當中該有多少賺頭啊！不久，他就返回家鄉，買了兩噸大棗，搭了一輛開往北京的貨車。他來到東城區的一家批發市場，把大棗三元二角一斤批發給小販們。不到一天的工夫，大棗被搶購一空。韓明第一次嘗到了發財的滋味。

利用地區差價做販運生意的關鍵是：一、你是否掌握了真實可靠的訊息；二、你能否承受長途跋涉的勞苦。

8「試吃」衝業績

在台灣，「試吃」是一種流行的促銷方法，幾家出名的大食品公司，都採用「試吃」方式推銷產品，聖瑪莉和卡莎米亞兩家店，幾年前受到台灣麵包業不景氣的影響，銷售不振，後來這兩家麵包店都分別採取了「試吃」促銷方式，立竿見影，生意一下子好了起來。

卡莎米亞的經理說，幾乎所有新產品上市時，卡莎米亞都會搭配試吃活動，因為一些食品採取不透明包裝，消費者無法瞭解食品內容，更不知道好不好吃，而試吃可以消除消費者的疑慮。聖瑪莉的經理說，以「試吃」推銷新食品，業績往往可增加五六倍，並能馬上得知產品被接受的程度。台灣味一食品公司還在香港開設了首家分店，以試吃直銷方式推廣最新產品。這間分店的負責人說，他們的生意很好，一般人只要試吃，總會多少買一些回去。

中國有句老話，「吃人嘴軟」，試吃之後不買點，總會不好意思吧！

9 化腐朽為神奇

什麼是金錢？說破爛是黃金，也許你會笑我是「瘋子」。如何讓「瘋言」在現實的土壤裡滋長，這就是「瘋子」真正的高明之處。

橋頭鎮，地處中國浙江省永嘉縣境內。自古以來，這裡地少人多，到八〇年代時，每人平均耕地只有二分八釐了。但這裡，卻有一個可以與東方香港珠寶中心，與西方布魯塞爾國際珠寶中心相媲美的「鈕釦王國」。在橋頭鎮，販賣鈕釦的攤位共有一千多個，售出的鈕釦共有十幾個系列，三千多種樣式，幾乎包括了全中國兩百多家鈕釦廠的所有樣式。這裡的銷售量，說來令人吃驚，難以置信。而更令人難以置信的是業主創下如此規模，起步之初卻得益於厚著臉皮撿「破爛」。

故事得從一九八二年說起——

當時，一個彈棉工在蘇州附近的一家鈕釦廠的廢料堆裡撿來了不少鈕釦，色彩鮮艷奪目，五光十色，造型別緻奇巧，令人眼花繚亂。

「這種東西一定能賺錢！」

這種意念在彈棉工腦海中閃過。他先撿了許多鈕釦帶回鎮上販賣，果然生意奇佳，銷路極好，於是便主動找上鈕釦廠，想專營批發。那陣子，工廠的產品堆積如山，工人連工資也領不到，有人找上門來自願推銷產品，正是求之不得的好事，雙方一拍即合。因此，彈棉工不須分文，便做起了鈕釦批發商。一年下來，居然賺得不少。再過了幾年，這裡便發展成了鈕釦王國，那位彈棉工也因此大發其財。

這種事情好像天方夜譚。殊不知，要不是當初彈棉工厚著臉皮撿起鈕釦來賣，就不會有今天橋頭鎮的「鈕釦世界」。

10 點石成金

在二〇世紀八〇年代初，中國農村經濟體制改革極大地調動了農民的生產積極性，也提高了農民對生產的興趣。在一段時間裡，一般農戶對鐮刀、鋤頭等最基本生產工具的需求大增，導致生產這類農具的原料——毛鐵和鋼板供不應求，在一些地方甚至完全狂銷。於此同時，在國營大廠的圍牆裡，堆著大量邊角料和廢鐵板，如何處置這些「廢物」成了廠長們心中的大麻煩。

在這種情況下，有一位「鋼鐵大王」應運而生了。而所謂的「鋼鐵大王」，並沒有什麼資本，只是頭腦十分靈活，然而這可是相當重要的長處。

有一天，他和昔日的同學喝茶聊天，偶然間聽到毛鐵狂銷以及城裡一些工廠的邊角料比毛鐵還好的事，當下他靈光一動，心中有了盤算。第二天一大早，他口袋裡裝著僅有的八十塊錢，就直奔H城找一家工廠的廠長。富有人情味的廠長一聽說有人需要他們廠裡的廢鋼鐵，正中下懷，二話不說便吩咐派輛卡車送過去。這一趟讓未來的「鋼鐵大王」淨賺了一千多元。

幾天後，他再上H城，同廠方訂立了長期協議：所有廢棄的邊角料都被他們以極低的價格包銷，這一包就是三年。

此後，這位「鋼鐵大王」更是如魚得水，嘗到了更大的甜頭。貨源有的是來自於造船廠的廢料，或被介紹到機械廠、機床廠；H城的搬光了，又被介紹到N城、S城……市場更是不成問題。本地市場飽和了，便銷到外地……開始是用汽車運，後來就改用火車運裝。他的生意越做越大，人緣越來越好，財路也越來越寬。等到別人明白過來，再一哄而上時，他已經另謀別的財路去了。

在生活中，我們或許也有機會看到一些類似的景象，如：鋼鐵廠在生產中軋下來的邊角料和廢鋼鐵像垃圾一樣堆成了山；紡織廠裡的廢棉紗堆在那裡無人問津；襯衫廠裁剪下來的零料似乎也引不起人們的興趣而被打入冷宮……。凡此種種，在一般人看來都認為是再平常不過了，然而，在「鋼鐵大王」眼中，這些「廢物」卻是難得的寶貝，他們能像變戲法一樣化腐朽為神奇，點石成金。

11 財富近在咫尺

天機不可洩漏也！一份準確、及時的商業訊息，就是一條財源滾滾的江河！

在中國，溫州的聲名遠揚，商業發達。因為溫州是「藏龍臥虎」之地——溫州人頭腦靈光，經濟細胞超乎尋常。

溫州人最善於無本生財，在這方面有許多生動的例子。連撿破爛，也能撿得有聲有色，撿出了一家家工廠來。

有位姓李的溫州老闆，如今已家財有八千多萬元人民幣了。當初他一無所有，連件像樣的衣服也沒有。當看到別人做生意，賺大錢，過好日子，他眼熱了，但自己沒有本錢，怎麼辦呢？

左思右想，毫無辦法，他就到處走走，看看有沒有出路。這一走，就走出了一條路來。他發現，城裡人開始講究了，居室都布置得很好，清潔衛生每日都得做，這就需要很多相應的工具。比如拖地，用一塊抹布很費時費事，如果改用棉質拖把，那就方便簡單多了。製作棉拖把有何難呢？於是，他就四處去打聽，看看能否弄些材料。結果，他在一家大棉紡廠的垃圾堆裡，撿回了許多廠家丟棄的棉布條。他便廢物利用，用它們來紮成各種拖把。拿到街上試賣，每把還可賣到二元錢。對他而言，這等於是無本生意。於是，他便放手開始做起來了。一年之後，他居然有了五百多元人民幣的積蓄。

有了這五百多元，他便考慮怎樣才能迅速致富呢？想來想去，還是覺得「利用廢物」這一行最有賺頭。於是，他又改變了只做棉拖把的單一產品結構，東借西湊，湊了點資本，購買了縫紉機。他把撿來的破碎棉布中稍大的布塊，拼縫成童裝；細小的，便紮成拖把，這樣半年之後，又賺了五千多元。

財運變好，基礎穩定的李老闆籌劃著更高遠的目標。

他瞄準市場上毛毯熱銷這一點，專門從上海、杭州等大城市棉紡廠、化纖廠中收購各種邊角料，花費本錢並不多，運回後，篩選分類，那些大塊的製作成童裝，細小的不再製作拖把，而是剝離成絲，紡成絲線，編織成為各種毛毯，或者掛毯。比如童裝，每件成本相當低廉，原材料連同人工及各項開支打進去也不過三到四元，而大宗批發，一般都在十元以上。

李老闆白手起家，從家境貧寒的窮人成為「貴族派」，正是依靠其獨具慧眼，迎合了大眾的生活品味，一朝成為腰纏萬貫的富商，乍聽匪夷所思，實則確有真人實事，且前例不少。

多留份心吧！財富就近在咫尺！

12 你丟我撿巧致富

說來令人難以置信：中國富商之一的李曉華，起家的時候，只用了三千五百元人民幣！

李曉華年紀不輕了，於一九七八年回北京，連個固定工作都沒有。一九七九年，李曉華做起了在街頭擺攤的生意，為了採買點熱門商品，他帶上幾千塊錢到了廣州。

李曉華本想買一些電子錶、T恤、變色鏡回北京，可是，在廣州城繞了幾圈後，覺得這些東西賺不了幾個錢，於是放棄了初衷。一天，李曉華走到廣州商品交易會陳列館門前，被陳列館中的一台美國進口冷飲機吸引住了。

北京人好熱鬧，喜歡「獵奇」。

李曉華在心中盤算：「這玩藝兒運回北京肯定能受歡迎，賺多少不知道，但無論如何賠不了。」

李曉華問：「這機器多少錢一台？」

人家回答：「機器倒不貴——三千五百元！不過，這是樣品，不賣。」

李曉華失望地撓了撓頭，但他轉而一想：「樣品？不就是給人看的嗎？交易會結束，總不能再運回美國去啊！」

此後，李曉華天天光臨交易會陳列館，一直到交易會閉會。果然，這機器是不能運回美國。

李曉華把美製冷飲機買到手中，運回北京第一天，純收入一萬元！喝冷飲的人大排長龍，整個胡同人山人海，大車、小車都過不去了。

一個夏天，李曉華淨賺幾十萬。

第二年，小商販們一見美國冷飲機大受歡迎，爭先仿效，一時間大街小巷裡，美製冷飲機處處可見。李曉華呢？他已經有新想法，他看好影視市場，一心一意地做起錄影帶的生意來，又實實在在地賺了一大把。

一九八五年，中國城市經濟體制改革向縱深發展，李曉華覺得自己的文化知識有限，應該「進修進修」，於是毅然放棄在北京賺「大」錢的機會，飛到日本，在東京國際語言院當了一名學生。李曉華邊學日語邊打工（在「中華料理店」洗盤子），畢業後在日本成立了自己的公司並成為「一〇一毛髮再生精」在國外的代理商。五年過去了，李曉華的公司不僅在亞洲有了很大發展，還在歐洲和美洲站穩了腳跟。

迄今為止，李曉華在北京、天津、吉林等地興辦了十家三資企業，總投資一千多萬元人民幣，還為中國公益事業捐款一千多萬元。

【第二篇】靈活變通，另闢蹊徑

13 小主意，賺大錢

一九九一年，一家位於香港上環德輔道中的專門經營藥膳的餐廳開業，取名為「一洲酒家」。

由於中醫有中藥結合食物的「進補」傳統，因此，「藥膳餐廳」近年來在日本、東南亞和中國，甚至美國的部分地區都已逐漸流行。

一洲酒家，從湯羹到肉類、海鮮、飯、甜品、糕點、茶、酒等應有盡有。菜單上清清楚楚的寫有「以藥材原味、食物鮮味為主，不含人工色素及味精」的字樣。最貴的菜式是「養顏益壽湯」，用料包括燕窩、野山人參、灌山石附及烏雞，據說這道菜可滋補養顏、補肺補氣、降血壓、防止皮膚出現皺紋。最受顧客歡迎的是「杞子核桃炒飯」，味道好，又對身體有益。「八寶飯」也具有滋補作用。此外，蓮子、百合、玉竹、沙參也是中式食療精品常用的材料，而燕窩則是華人普遍食用的清補中藥。

然而一洲保健酒家最大的特色是有中醫師駐診促銷，醫師為客人診斷後作出食療指導。他們特邀請廣州中醫學院和廣東省中醫院的醫師、專家為一洲設計各類保健食品。一洲保健酒家正式開業後，便與廣州中醫界合作，定期安排醫師為顧客提供診療服務及飲食保健的建議。一般做法是，客人先看中醫，然後取藥，利用煎藥的時候進食「藥膳」，飯後再服藥。一洲保健酒家開業後顧客盈門，老的、少的都有，外國遊客更是不斷，以日本人居多，其中有不少是為專門看中醫而來，有的回國後，還郵購中藥材。其保健食品注重原汁原味，不油不膩，因而深受廣大顧客歡迎。

一洲保健酒家借「中醫」這一中國傳統醫學之途，擠進了早已飽和的餐飲業，其經營者的智慧可見一斑。

14 轉個彎，財富滾滾來

日本有家醬油廠名叫萬字醬油廠，它創建於一八六八年，長期以來，是一家家庭作坊式的小工廠。二次世界大戰後，該廠發現到日本來的美國人很多，並注意到美國人無論吃日本菜或西式食物，都喜歡用醬油調味。由此獲得靈感後，萬字醬油廠潛心研究怎麼把產品打進美國市場。

萬字醬油廠首先派人到美國去調查研究美國人的生活習慣，發現美國人的食品構成及食品烹調方法與東方有許多不同之處。醬油雖是他們喜歡的調味品，但它向來被宣傳為東方的調味品，故未能為廣大美國消費者所接受。萬字醬油廠決定為其醬油建立一個新形象，讓它以西方食物的調味品的姿態出現在美國各種廣告媒介上，其設計包裝全改成西方式的。並現身說法，在電視廣告上宣傳其配蘸香腸、煎蛋、燒牛排等方式，使千家萬戶的消費者有了印象。

經過一段試銷後，萬字醬油廠決定在美國設廠。一九五七年在舊金山開設第一間分廠，翌年在洛杉磯，接著在紐約、芝加哥及亞特蘭大設分廠，生意越來越興旺發達。萬字醬油廠一九八六年的營業額達九千多萬美元。

＊

在日本有一家名叫普拉斯的公司，是專營文教用品的小企業。由於只經營傳統的紙張、文具、圖釘、圓形針、尺子等小商品，再加上做法上因循守舊，生意始終興隆不起來。「山窮水盡疑無路，柳暗花明又一村」。正當公司入不敷出的時候，由於公司組合了一種成功的產品，帶來旺盛的業務，使公司由虧變盈，不久還擴大營業規模。

事情是這樣充滿戲劇性的。一九八三年，普拉斯公司聘一位剛從學校畢業的女孩子當職員，她名叫玉村浩美。她到公司工作後，發現公司生意十分冷清，覺得很不好受。一天，老闆在職工會議上說：「本公司因產品缺乏新意，故萎靡不振，已面臨倒閉的威脅。為了擺脫困境，希望全體員工動腦筋、想辦法。」

玉村浩美陷入了沉思之中，她細心地對市場和顧客進行觀察。她發現前來光顧的人，有帶著小孩的，也有不帶小孩的，但不管什麼樣的顧客，他們每次買文教用品都不止購買一樣東西，而是三種以上。她還聯想到自己讀小學，甚至讀中學時，書包裡總是放著鋼筆、鉛筆、尺子、橡皮擦、小刀等。想到這裡，她得到了啟發，產生了一種經營的設想——文具組合。

所謂文具組合，就是將鉛筆、小刀、透明膠帶、剪刀、兩公尺長的捲尺、十公分長的塑膠尺、釘書機、合成漿糊等，放進一個設計精巧、輕便體小的盒子裡。盒子的外表印有色彩鮮艷和形象生動的圖畫。這些文具都是普拉斯公司原來經營的東西，只不過把它放進了精心設計的盒子裡，公司不必投入太多的資金去改變生產方式。由於這種「文具組合」迎合了中小學生的需要，甚至適合機關、工商企業的職員、工程技術人員的需要，加上它組合新奇，所以一經上市，很快就成為熱門商品。普拉斯公司把這個組合定價為二千日元，這比原來幾件文具的總價高出一倍多，但顧客們並不覺得貴。於上市的第一年，共銷售三百多萬盒，獲得意想不到的巨額贏利，普拉斯這個牌子的知名度也大幅提高了。

玉村浩美的成功，反映其善於變通的能力。普拉斯公司所經營的文具雖然還是原來那一套，但通過不同的包裝和組合卻發生了變化，關鍵就在善於變通，巧妙迎合市場的需求。

＊

日本山內豆腐公司在日本是有一定名望的，但是，它的豆腐一直在國內銷售，該公司老闆為了擴展業務，決心從國際化的觀點去考慮全公司的經營。他們在開拓國外市場中，把美國這個消費最大的市場作為進攻目標。首先是反覆派員到美國去實地考察。他們在考察中發現，豆腐這種低熱量、高蛋白的天然食品是受到注重保健的美國人青睞的，同時，瞭解到美國市場目前的豆腐銷售額每年在七千萬美元左右，但卻有韓國、日本、中國和美國人經營的二百家豆製品公司參與競爭。

山內豆腐公司將調查研究得來的情況進行了認真分析，得出結論：美國市場對保健食品的需求還會繼續增加，豆腐和豆製品在美國還可擴大銷售。

山內豆腐公司作出決策：在美國設廠生產豆腐，但必須要使自己的產品適合於美國人的飲食習慣和適應美國超級市場的銷售方式。一九八三年十一月，山內豆腐公司與當地一家公司合營，開始了其在美國市場的豆腐經營，把產品投入市場，與此同時，聘請醫生在電視等廣告媒介介紹豆腐的營養和對人體的保健作用，並介紹豆腐的吃食方法和烹調技術。在推銷方法上，山內公司採取了既利用大型批發商的銷售網，又直接向超級市場供貨的雙管齊下推銷術。

經過四年的經營，山內豆腐公司在美國豆腐市場上已有很大的發展。在加利福尼亞州，它已占據市場銷售量的百分之八十五到九十，成為美國最大的豆腐公司，擁有從業人員六十四人，月產豆腐一百萬塊，現在，該公司又新建一條生產豆漿的生產線，正雄心勃勃地開拓保健飲料的業務。

15 致勝密碼——數字的魅力

在二〇世紀初的中國上海，有兩家出租汽車公司，一家是美商辦的「雲飛」汽車公司，一家是中國人周祥生辦的「祥生」汽車行。前者實力雄厚，新車多，半小時收費一銀元，每天每輛車出車二、三十次，獲利甚豐。祥生汽車行本小利薄，只買了四輛舊轎車，周祥生自己既學開車，又學修車。經過兩年的苦心經營，營利日增。

自從有了電話以後，圍繞電話號碼的「戰鬥」就沒有停止過。華人特別喜歡「八」、「六」、「九」等幾個數字，希望借數字的諧音發財，六六大順或長長久久。生意人更圖個吉利，不惜一擲萬金，只求買個帶「八」的電話號碼。

雲飛汽車公司憑藉著它的財力雄厚，根本不把小小的祥生汽車行放在眼裡。為了擴大業務，除了繼續購買新車以外，他們還專門開闢了電話叫車的業務，電話號碼是：三〇一八九。為了使顧客加深印象，在春節前夕大做廣告，有獎徵求電話號碼的諧音，最佳諧音揭曉：「歲臨一杯酒。」從此，雲飛汽車公司的電話號碼被人們記住了，電話叫車方便，雲飛的生意興隆得讓人嫉妒，營業額與日俱增。

這對祥生汽車行是一個打擊。怎麼辦？周祥生晝思夜想，急中生智，他想到中國有四萬萬同胞（當時中國的人口數），縮掉一個萬就是四〇〇〇〇。於是他奔走於上海電話公司，費了不少周折，用重金「挖」來了「四〇〇〇〇」這個電話號碼。他立即在出租汽車上噴出「祥生電話四〇〇〇〇」的醒目廣告，汽車過處，路人過目不忘，從此這組號碼也家喻戶曉了。為了進一步加深用戶的印象，周祥生還別出心裁地設計出一種電話聽筒掛鈎，印上「祥生電話四〇〇〇〇」的字樣，贈送給各大公司、酒樓、飯店、舞廳，掛在公用電話機下。這樣，在「電話大戰」中，祥生汽車行以其獨特的構思和強大的攻勢大獲全勝，營業額大增，聲譽日高。祥生汽車行在興旺時期，共擁有出租汽車二百餘輛，成為當時上海最大的出租汽車公司，為美商雲飛汽車公司所望塵莫及。

從這場電話大戰中可以看出電話號碼的魅力。那麼電話號碼與企業形象有什麼關係呢？「認知」是企業形象構成的第一要素。要樹立企業形象一定要從「認知」

開始，然後才能產生「好感和依賴」。對企業來講，易記的電話號碼就是認知企業的最好方式之一。

近幾年，全國各地出現一股拍賣吉祥電話號碼熱潮。買吉祥號碼的人確實帶有圖個吉利、討個口彩的心願，但許多號碼對欲求者並非代表吉利，而是為了增加社會公眾對企業的認知程度，也為樹立企業的良好形象助一臂之力。

上海中外合資的三菱電梯有限公司買下了四三〇三〇三〇這個電話號碼，是因為無論用上海話還是普通話都會讀成「是三菱三菱三菱」，這一號碼就成了一塊招牌，一看電話號碼就會想到三菱這個企業。另有一家上海婚姻介紹所要了個二四七一四九〇的電話號碼，諧音是「倆思切一試就靈」，不僅電話號碼好記，而且暗示這家婚姻介紹所的成功率也很高。

你說這電話號碼能與企業形象無關嗎？

16 勇氣決定成功

擁有勇氣，是擁有一種堅決行動的氣魄。這時財富也會在你不經意中出現。

楊勇是上海一家工廠的工人，一個偶然的機會使他發現賣瓜子能賺大錢，於是他就開始行動。

回到家鄉後，他利用週日到附近做了一番調查研究。由於附近有較近的葵花籽來源，生產成本不會過高。他想到家鄉和附近的三四個鄉總共有六萬多人，一年說不定能賣出十萬斤瓜子，扣除原料和加工費，每年能淨賺二萬多元人民幣。

經過一番策劃和計算，他信心滿滿，具體操作也應運而生。他買了一個大炒鍋，又買來一些生葵花籽來試製，經過多次反覆試驗，終於炒出了脆而不焦、味道很香的瓜子。他把自己炒的瓜子命名為「龍橋瓜子」。他抓住農村過春節對瓜子需求量大的機會，僱人來和自己一起炒瓜子。春節過去後，楊勇一結帳，發現售出的瓜子竟達到二十公噸，賺了一大筆錢。

一試即靈，龍橋瓜子聲名遠播。他馬不停蹄，打鐵趁熱，炒出了葵花瓜子、五味瓜子等品種。

此外，楊勇先讓自己的產品廣泛地打入農村的個人商店、國營商店的瓜子櫃台，然後昂首向城市挺進。他讓產品先打入江蘇、浙江一帶，接著又讓「龍橋瓜子」這塊招牌在上海站穩了腳跟。在擴大經營範圍的同時，楊勇十分重視對產品質量的把關和產品種類的開發，使得龍橋炒貨由單一的炒瓜子發展到現在包括核桃、松子在內的近三十種炒貨，年產量也由最初的三百五十噸增加到三千多噸。

但是炒貨是季節性食品，一到夏天，炒貨便到了淡季。龍橋炒貨廠是鄉辦企業，用的工人大都是臨時工，一到淡季，由於沒什麼工作可做，工資少，許多臨時工都辭職到別處找工作去了，而且往往就不再回來。這樣，當炒貨旺季來臨時，企業又不得不花費時間和精力重新培養出熟練工人。

為了改變這種狀況，深謀遠慮的楊勇決定，在夏季來臨時生產冷飲，充分利用炒貨淡季時間來賺錢，並留住熟練工人。他自籌資金四千萬元，迅速增加三套生產冷飲的流水線。兩個月後，楊勇首創的果仁冰淇淋面世了，這種冰淇淋以葵花籽、松仁、花生仁等為配料。由於當時電視上正推出深受兒童喜愛的電視劇《小龍人》，楊勇就以「小龍人」作為龍橋炒貨廠系列冷飲的商標。這種產品行銷到市場後，立刻受到了消費者的歡迎，尤其是小朋友們十分喜歡，讚不絕口。經過這一系列努力，楊勇的龍橋炒貨廠終於成了上海市為數極少的沒有淡季的食品廠之一。

致富不僅要有明確的創新意識，更應有「敢為天下先」的勇氣和魄力。可以說，楊勇取得的成功源於「偶然發現了賣瓜子能賺錢」，然後果敢地堅持下去的那種勇氣。

17 怪點子才能出奇制勝

產品的聲譽受到傷害時，該怎麼辦？是更換品牌名稱，還是「將計就計」鬧到天翻地覆，設法圖個清白。台灣「瑪莉G—11藥皂」依靠廣告起死回生，捲土重來的故事值得參考。

本來「瑪莉G—11藥皂」一直是銷路很好的商品，但由於一度傳說美國進口的藥皂中「G」含量過大，有害於人體，於是它的銷量一下子萎縮了三分之二。

受此打擊的製皂公司好不煩惱，他們在做了廣泛的調配和試驗，弄明白事情並非如此之後，下定決心一定要扭轉民眾的心理趨向，因此而設計出一組起死回生的戲劇性廣告。

首先是在台灣主要報紙上同時刊出一則「瑪莉G—11徵求受害人」的廣告。廣告上有一位手執煙斗的律師照片，內文說明凡是因使用「瑪莉G—11」有不良反應的，經公立醫院證隊複查屬實，就可以得到五十萬元以上的賠償。並讓受害者十天之內將有關證明直接寄到律師事務所。三天以後，又刊出這幅廣告，只在標題中印出「截至目前為止，無人應徵受害人」。又過三天，廣告再復出現，標題中說「應徵受害人有兩個」，然後說其中一個沒有醫院證明，不受理；另一個在複查中。再過三天，廣告第三次出現，題目為「誰是受害人！」說那個受害人經複查，皮膚紅疹為吃海鮮所致，其人已自行撤訴。並申明，一過十天期限就不再受理此類案子了。等到超過十天期限後的第五天，登出整版廣告，標題為「我是受害人」說尋遍世界各地，並無G－11致病先例，廣告上設計了一副Z手銬銬著瑪莉G－11藥皂。

這組富有戲劇性的廣告，懸念、衝突、高潮均安排得當。廣告中兩個應徵受害人出現，屬於「假戲」，而這個假戲具有吸引顧客關注的效果；請律師出場的「細節」，則可增強顧客對廣告的信賴程度，無形中也提高了製皂公司的信譽，它使這種藥皂的質量有了某種「法律保障」。

所以這套廣告一做，立即引起轟動，轟動之餘「瑪莉G－11藥皂」迅速起死回生，銷售量不斷上升。

可見，人們都有一種普遍的心理特點：凡是越出奇、與眾不同的事物越能引起注意，產生興趣。因此，行銷者要善於出奇制勝。

18 致富回馬槍

古戲中的大將作戰，每每在將敗之際會使出一絕招——回馬槍，且往往會有出奇制勝的效果。思維也是如此，殺它一個「回馬槍」，就會收到意料不到的收穫。

美國的新墨西哥高原地區，有一位靠種蘋果為生的農場主人。有一年夏天，一場冰雹把他的那些即將成熟的蘋果打得遍體麟傷，坑坑窪窪的，十分難看，這樣的蘋果無法出售，農場主人懊喪不已。

一個星期過去了，這些蘋果的傷痕漸漸癒合並成熟了，但是這些蘋果實在是太難看了。農場主人隨手摘下一個，心疼不已。忽然他心中閃過一個念頭，何不將錯就錯，換種辦法出售呢？他把蘋果全都採摘下來，並向商人們說：「今年的蘋果終於有了高原地區的標誌——用冰雹打過的痕跡。這些蘋果不光從外表看，而且從口味上都體現了高原蘋果的特色。」

這就是思維的「回馬槍」，當按正常的思維辦法沒有出路時，就回過身來，將思維換一個方向，或許問題就能得到解決。這樣的例子，生活中是很多的。

*

日本有一家企業，生產圓珠筆，但是銷路不好。原因在於圓珠筆芯中的油墨沒有使用完，筆芯上的圓珠就壞了。這是一個致命的質量問題，廠家找了許多專家對筆芯中的圓珠質量進行攻關，設法進行改進，但是做了很多努力，效果不是十分理想，圓珠的質量還是徘徊不前。如果採用新材料，質量會大幅提高，但成本也會激升，消費者無法承受，攻關工作陷入困境。

但是這家企業的一個工人成功地解決了這個問題。辦法很簡單，他把筆桿截去一段。這樣，沒等「圓珠」報廢，油已用完了。這個辦法簡單得不可思議，但卻是解決問題的最好辦法。這是典型的逆向思維，把複雜問題簡單化。在生活中，我們不妨也來點這樣的「回馬槍」，這看似是沒有辦法的辦法，有時卻可能是最好的辦法。

19 掌握消費者的根本需求

戰場上，局勢瞬息萬變，商戰中，市場變化也是千姿百態的，如何掌握它然後進行商戰呢？

一九八一年，英國一家商行的「望遠鏡」生意是運用「擒賊擒王」這一謀略的生動實例。

當時，英國王子查爾斯和黛安娜要在倫敦舉行耗資十億英鎊、轟動全世界的婚禮。

消息傳開，倫敦城內和英國其他城市的很多廠商、老闆幾乎同時都瞄準了這一機會，絞盡腦汁想發一筆大財。

糖果工廠在包裝盒上印上王子和王妃的照片，一些紡織、印染企業，都對產品的裝飾進行了重新設計，標上了具有結婚紀念性的圖案。

豪華的婚禮，給商戰者帶來巨大財運，但賺錢最多的卻是一家經營望遠鏡生意的商店。

盛典之時，從白金漢宮到聖保羅教堂，沿途擠滿了九層近百萬群眾。

當站在後排的人們正在為無法看到前面的街道場景而焦急萬分時，突然從背後傳來叫賣聲：「請用望遠鏡看盛典，一英鎊一個。」片刻間，人們一擁而上，一大批望遠鏡被搶購一空，這家商店發了一大筆財。

在近百萬觀眾之中，人們的需要是多方面的，如購買一枚漂亮的紀念章，吃上一塊蛋糕、冰淇淋，買上一盒印有王子王妃的糖果。但在那關鍵的一刻，如果看不到王子及其新娘，卻是最大的憾事。

這家商店的成功，正在於抓住了人們的根本需求，「主導需求」決定了人們的購買行動。

20 窮則變，變則通

三年前，中國有位叫李光的人，接手一家已倒閉的製膠工廠，該廠約三十人，倒閉時除了欠下債務，也拖欠員工九個月的工資。

剛剛接手爛攤子時，他用集資的方法招收了二百多名員工，並暫時解決了廠房問題及設備問題。

正當他對製膠廠實施「起死回生術」時，他獲得一項準確的市場資訊：製膠業市場產品過剩，皮革塑膠製品產業的許多廠家都紛紛停產。李光得到這個情報後，腦子裡立即出現了一個「變」字，果斷的決定「變」。「變」也要因地制宜，經過數次的調查、考慮和權衡利弊後，他決定從本地興旺發達的畜牧業打開突破口，以皮革製品殺出一條財路。他就地取材，用皮革製作自行車坐墊、手提包、背包、兒童書包、旅行包等產品，很快占領了市場。債務還清了，工人工資補發了，小本生意獲大利，一些正在掙扎著的小廠都紛紛來參觀。

李光猜想到這些人即將成為他的競爭對手，於是立即又想到了「變」。他的工廠轉產牛皮鞋、皮箱等。很多工人都來責問廠長：「原本暢銷的產品為什麼要停止生產呢？」但不久這個問題便得到答案：許多來取經的工廠，見到他們的產品成本小、利潤大、銷售快，回去後爭相大批生產，結果市場很快就出現了滯銷現象。別的企業「窮則思變」，而李光是「富則思變」，遠大的眼光和超乎尋常的膽略使他在「商場如戰場」的殘酷競爭中毅然出動，他在別人一哄而上之時，轉產新產品，市場反而一片興旺。

皮件廠辦得比較順利，新產品很暢銷，可是李光想問題就是比常人深一層，他預想到皮革製品有時會出現滯銷現象，僅靠一種產品風險大，如果採取「一業為主，多業並舉」，那麼一種業務不景氣時，另外的業務就可以馬上擴大，彌補損失，於是決定再生產一種新產品。

為了選擇新產品，他四處奔走瞭解市場行情。一張有關騾馬物資交流大會的海報吸引了他。本地牛皮資源豐富，皮質又居全國之首，於是，加工牛皮的念頭產生了。從市場他又瞭解到「黃牛藍溼皮」在外銷市場上是熱門商品，於是他立即整合組織，很快就生產出了色澤鮮豔的黃牛藍溼皮。當年，這一新產品就被一外商看中，隨即與他們簽訂了年供貨五萬張的合約書，由於他們工廠的產品質量好，又守信用，所以不久黃牛藍溼皮就出口到日本、新加坡、印度等亞洲各國。

人隨時代的步伐走，而企業應跟著市場資訊變。在這方面，李光應對自如，用新產品不斷擴充市場。有一次，一位農村姑娘來到皮件廠，她要買一隻結婚用的皮箱。廠裡的業務員帶她到放置皮箱的倉庫，那裡有準備批發到各個城市的旅遊箱、輕便手提箱等各式漂亮的箱子，可姑娘一個都沒看中。這一小小的舉動立即引起李光的興趣，他經過思索和研究，針對如何才能適應農村市場的需求、如何打開農村市場提出計劃表。農村是個廣大的市場，而自己的產品卻沒去占領它，所以應該把產品轉向農村。

他立即聘人設計、製造出色彩鮮豔、龍飛鳳舞、圖案鮮明且帶著鄉村氣息的皮箱。這種皮箱一上市就被搶購一空，很多農村的商店得知這個消息後紛紛前來訂貨。開發一個新產品，就能占領一個新市場。他們的產品占領了農村市場，產值和利潤很快大幅度上升。

剛占領農村市場，李光又捕捉到一個有價值的訊息：他看到一個採購員，穿著一身時髦的西裝，可腳上卻踩著一雙舊布鞋，這身裝束很不協調，李光不覺上前探問了一下：「您為什麼不穿皮鞋？」採購員說：「腳氣嚴重，沒福氣穿啊！」

這句不易被人注意的話卻挑動了企業家的敏感神經：對！研製藥物皮鞋，防治腳氣病。中國人生腳氣病的多，這可是一個規模不小的市場啊！

他立即向製藥公司和有關科學研究單位取經、學習，並高薪聘請研究人員研製藥物皮鞋。不久試驗成功，經過科學研究單位鑑定，防治效果達百分之九十以上，這項新產品獲得了科技成果獎。皮鞋一閃亮登場，訂貨單紛至沓來，經商者也蜂擁而至，李光獲得了巨大成功，事業如日中天，勢氣逼人。三年後，原來蓋著油氈紙的茅屋變成了七層五開間樓房和寬敞的車間，三十來人的小工廠變成了三千五百多人的中型工廠。

李光的「興廠之道」在於他根據市場資訊，隨機應變、機敏果斷。可見，「隨機應變」在當今的商戰中尤其具有現實意義。

在商場上，市場風雲，變幻莫測；強手林立，各顯神通；明爭暗搶，五花八鬥；鯨吞蠶食，觸目驚心。企業經營者面對如此的競爭場面，只有以變應變，才能在商海中劈風浪、繞暗礁，奪取最後的勝利。

21 異業結合開新路

竹園賓館是一九七九年港商與中國合作建立的，起初也經營得有聲有色，但自從一九八六年港商破產後，竹園賓館被迫清盤退股，以前所擁有的一些中外合資企業的優惠條件也因賓館變為國有企業而喪失，入住率越來越低，形勢十分嚴峻。

新上任的總經理李三帶，針對竹園賓館硬體較差和地理位置不好的情況，提出了「以軟體彌補硬體不足」、「軟體經營，公關先行」的經營策略。

當時正是「全國保齡球精英賽」即將舉行的時候，李三帶認為，深圳是個新興城市，文化可塑性較強，保齡球在海外和港澳備受青睞，在深圳肯定會受到歡迎。於是竹園賓館聯繫各界人士，並慷慨贊助二萬元，提供比賽場地和食宿，把保齡球精英賽申請到竹園賓館來舉行。同時，他們又從經濟上支援「深圳保齡球協會」成立。那段時期，大街小巷到處在談論保齡球，深圳的廣播電視有專題介紹保齡球，賓館的保齡球場也成了一個休閒的好去處。保齡球與竹園賓館同時吸引了大家的注意，賓館的知名度也大大提高了，很快地走出了經營困境。

後來，竹園賓館將對保齡球的熱衷擴展到整個體育事業，竹園賓館與體育事業建立了深厚的感情。

從表面上看，關心體育運動、贊助體育事業與賓館經營無關，但正是對體育事業的熱衷，才真正樹立起賓館的形象，社會效益帶來了最終的經濟效益。竹園賓館又從各方面提高員工的素質，加強內部管理，優化賓館服務質量。這樣，終於靠「聲東擊西」提高了賓館的經濟效益。

22 儒商的絕佳配合

飲食是一種文化，也是一種商務。

一個能文善賈的著名實業家，是如何將兩者合二為一的呢？請諸君於品茗嘗茶時，慢慢地咀嚼其中的哲思與奧妙。

「商」與「文」，似乎是一對老死不相往來的冤家，文人的清高自守、自命不凡與商人的市儈和玩世不恭似乎永遠也攪不到一塊兒去。可是在南國，就有這樣一個既腰纏萬貫，得意於商賈之道，又擅於舞文弄墨，酷愛著書立說之人，他把文化融入商業之中，以充滿著濃厚中華文化神韻的酒樓而聞名遐邇。他就是集商務與文學於一身的著名實業家兼作家呂英達。

呂英達一共開設了七家高級酒樓，並精心為每間酒樓取了美妙動聽的名字：「倚閒居」、「湘園」、「思鄉樓」、「隨芳園」、「樓外樓」、「緣軒」、「靈芝素食館」。呂先生的七家酒樓不僅在當地久負盛名，連許多外國友人也是因其獨樹一幟的經營方式、充滿東方的情調慕名而來。

說起來，呂英達涉足餐飲業也是偶然，這位文質彬彬的「夫子」原來是想在工業領域大展身手的，他與朋友們合辦過針織廠、造紙廠、紗廠、造傘廠等多家工廠，卻不怎麼得心應手。

他開餐館的初衷也很有趣——只是為了親朋好友們閒暇相聚、吟詩飲酒時能有好去處，不料這樣一來反而讓他在餐飲業闖出了名堂，大受歡迎。後來，他釋出了大部分的股權，拿抽出來的資金開設了一家又一家的酒樓，而且餐館生意興旺無比。

儘管呂英達在商界揮灑自如，然而文學卻是他心中永遠的摯愛，從未被他放棄過——他天資聰穎，而且文筆清靈，尤以詩歌最為出色，而對於古典詩歌的研究更有其獨到的見解，先後出版過十餘部作品，引起了熱烈的迴響。曾有文章這樣評價他的作品：「呂先生的詩歌，是由感而發，真摯而熱烈，卻又因其古典婉雅的詩風，而顯得有節制、有韻味，顯得大氣而沉鬱。」

而正是由於呂英達先生將對文化的喜愛融入了酒樓的建設中，所以他的每一家酒樓都可以體現出濃郁的中國氣息。在他的酒樓裡，中國文化、中國飲食、烹飪技術都融為了一體，琳琅滿目地陳設著南北傑出畫家、書法家的得意之作，在菜香、酒香飄逸之外，增添了一抹書香氣，令人身處其中，頓感賞心悅目且心曠神怡，而那悠揚的古曲絲竹，更是使酒樓遠離了燈紅酒綠的喧囂與浮躁。

一九九四年，呂英達便邀請了著名的北京仿膳飯莊舉辦了「滿漢全席精選」和「宮廷樂宴」。此後，他又邀請了山東孔府和山東舜耕山莊等聯合舉辦了「中國孔府喜宴」，邀請釣魚台國賓館、北京飯店和港台一些名廚聯合舉辦了「中華美食世紀之宴」。

呂英達先生的「中國孔府喜宴」舉辦得尤為成功，這與他深厚的文化底蘊是分不開的，他潛心研究了孔子提出的「食不厭精」的含義，瞭解了孔府「喜、壽、家」三種宴會的淵源後提出：孔府宴形式隆重而十分考究，菜餚成系配套而有章有配，確實是中國文化寶庫中不可多得的一筆財富。如果這種古代飲食文化能成功運用到現代餐飲業中，體現出美學、色彩學、營養學上的特點和符合現代衛生的原則，那將會產生新的生命力。

在宴席期間，他還特意邀請古箏名手歸英秀現場表演直篇為孔府宴助興，又邀請孔子的第七十五代子孫孔祥林講解孔府宴的歷史、形式和規格等，使宴會成了介紹中國文化的研討會。這一創舉獲得極大的成功，舉辦期間不僅座無虛席，就連幾天後的預訂票也銷售一空。

將文化融於餐飲業，使得酒樓遠離了喧嘩嘈雜的塵俗，而以文化酒樓的特點辦得有聲有色，這也就不難理解為什麼他生意興隆，不盡財源滾滾來了。

23 東西文化相結合，闖出另外一片天

在市場競爭中，「鬥力」是看誰的資金雄厚，規模宏大；「鬥智」是看誰管理嚴明，服務優良，能生產出適銷對路、物美價廉的產品。美國的肯德基炸雞店壓倒中國某老字號招牌，得利於高標準的質量、嚴格的管理和優良的服務。

某店是北京的老字號，一向食客盈門。一九八七年十一月在該店附近，新開了一家美式速食——肯德基炸雞店，前去就餐的人在門前排成長龍，該店一天接納萬餘人，一舉奪得肯德基集團全球日銷量、年銷量兩塊金牌。

這種炸雞用十一種香料等秘密配方，放入高速氣壓瓶烹炸而成，又脆又香，為了保證質量，出爐兩小時後仍未賣出就乾脆扔掉，不食用。它的經理說：肯德基的經營秘訣是：Q（食品質量）、S（優質服務）、C（清潔衛生）、V（價格合理）。這是成功的基礎，也是經營的準則。

餐廳內，布置成美國鄉村的優雅環境，播放悅耳動聽的音樂，使用清潔衛生的

免洗餐具，不賣酒，不准吸煙，沒有大聲喧嘩，店內和諧清靜，使顧客心情舒暢，來用餐者絡繹不絕。美國肯德基炸雞店戰勝中國老字號餐飲店，是現代西方飲食文化對中國傳統飲食文化的衝擊。

兩年以後，上海榮華炸雞店在肯德基炸雞店對門開張營業，也是賣速食和炸雞，這是一場槍對槍、刀對刀的「擂台賽」。榮華雞是中國風味的炸雞，更適合中國老百姓的口味，它賣的速食不是漢堡和玉米濃湯，而是大米飯和中國小菜，價格低廉，顧客用比較少的錢，吃更可口的家常飯。榮華炸雞店也吸取了肯德基的長處，如優雅舒適的用餐環境，周到熱情的微笑服務，這樣一來，在榮華炸雞店門前也排起了長隊，肯德基獨霸市場的局面被打破了。

藝術家黃宗江說：中華民族的傳統文化一旦與現代文明意識相結合，同樣具有強大的生命力，在市場激烈的競爭中，東方傳統文化同樣可以成為強者，榮華炸雞店與肯德基炸雞店分庭抗禮，就證明了這一點。

24 巧妙各有不同

「實踐出真理！」將前人留下的遺產開發出來，就成了我們自己的財富。

在中國大陸，提到「薰臍療法」，就會想到「五〇五神功元氣袋」，可說是家喻戶曉，婦孺皆知，很多人知道發明者是一個叫來輝武的先生。但要是說到《中醫藥物貼臍療法》這本書，知道的人恐怕就不多了，它的作者是廣西醫學院附屬醫院的主治醫師譚支紹。

發明人，家住陝西咸陽城；寫書者，家住廣西南寧市。兩地之間隔著陝、川、黔的崇山峻嶺，兩人並不相識。但二位高人卻把目光同時盯在了人的肚臍眼兒上，都在伺機用藥物堵上去，以達懸壺濟世、治病救人的目的。真可謂英雄所見略同！

這也難怪，據史料記載，肚臍眼又叫神闕穴，為人體先天之本源，後天之根蒂，與人體十二經脈、五臟六腑、四肢面骸、皮毛骨肉都有著極其密切的關聯。

譚醫師長期悉心研究藥物貼臍療法，並應用於臨床，為繼承、總結藥物貼臍療法，他夜以繼日、筆耕不輟，勤勉有加。一九八七年譚醫師寫出了《中醫藥物貼臍療法》的初稿，在這部洋洋灑灑長達二十萬字的醫學專著中，譚醫師詳細論述了藥物貼臍療法，詳加註解理論基礎、治療原理、功用與適應症；對臨床應用各科，以及從浩繁的古代醫書中搜集到的五十種藥物貼臍療法詳加註解，分門別類地註明其主治病症，列出藥物配方，介紹藥物的製法、用法、注意事項等等，並闡明出自何處、何書，最後還附有詳實的臨床案例。

再將鏡頭切換到千里之外的咸陽。來輝武也注意到了肚臍眼，但他的主攻方向卻與譚醫師大不相同。歷來，傳統的藥物貼臍療法是把膏、丹、丸、散、糊等各種劑型的藥物置於患者肚臍眼上，敷藥後須加蓋消毒紗布、蠟紙等，再用綳帶、膠布等加以固定，稍有不慎很容易使藥物流失，污染皮膚和衣服，且這種方式用料及程序太多、太麻煩。來輝武不用膏、丹、丸、散、糊，只把原藥料裝入小布袋中，用縫紉機軋幾圈，再做個小肚兜，把藥固定在肚臍上。這樣一來，不但省去了紗布、蠟紙、綳帶、膠布，也不會使藥物流失，污染肌膚，既省事又方便，從而解決了藥物貼臍療法難以商品化的大問題。

終於，兩支進攻肚臍眼兒的盟軍在易比河會師了。一九八九年，譚醫師所著《中醫藥物貼臍療法》正式印刷出版；同樣也在一九八九年，來輝武發明的「五〇五神功元氣袋」獲批准文號，正式生產。

譚醫師的書在全國印刷一萬餘冊，為中醫事業做出了重要貢獻。來輝武的元氣袋則多次獲國內外發明金、銀、銅獎，「五〇五保健大樓」因此拔地而起，來輝武榮升集團公司總經理，並向社會捐資了數十萬。

面對祖宗傳下的「藥物貼臍療法」這份遺產，兩位大師各顯神通。

25 沙盤推演制良策

美國有一家威爾森．哈瑞爾公司，經過反覆地研製，成功地出一種噴霧清潔劑，然後籌措資金投入大批生產。這種噴霧清潔劑取名為「處方四〇九」，由於它簡便好用，清潔去污力強，很適合家庭和清潔玻璃窗用，很快被消費者接受，於二〇世紀六〇年代初在美國市場已有百分之五十以上的占有率。

像任何商品一樣，在商場如戰場的今天，一種暢銷的產品出現，必有蜂擁而至的競爭者參與角逐。「處方四〇九」的成功引起了眾多牌子的清潔劑競進市場，其中最有實力的是一種叫作「新奇」的噴霧清潔劑。

「新奇牌」是由美國的寶潔生產的，這家公司是有名的雜貨業大王，有長期的經營歷史和豐富的競爭經驗。

該公司看到「處方四〇九」雖是風行全美，產品品質也很好，但它的主人不過是財微勢弱的小業主。故此，寶潔公司認為要攻占「處方四〇九」的市場易如反掌，決意投入大量資金研製一種與「處方四〇九」相匹敵的新型噴霧清潔劑，以更為優良的包裝面市，並一舉獲勝。

威爾森‧哈瑞爾公司面對這麼一個強大的競爭者並沒有束手無策，反而是鎮定如常。它冷靜而周密地進行觀察和調查，為了抗衡這位競爭強敵，以出奇策略去克制「新奇」。

哈瑞爾公司瞭解到「新奇」推出的第一個試驗市場是丹佛市，這個城市亦是「處方四〇九」最行銷的市場。經過周密的布置，拚搏戰開始了，丹佛市一家專售清潔劑的商店如同往日，依時經營。售貨員把最後一瓶「處方四〇九」交給一位顧客，而另外的三位顧客問道：「『處方四〇九』還有嗎？」

售貨員回答說：「啊，真對不起，剛售完了。」

在全市的其他商店也如此，顧客們同樣買不著「處方四〇九」，讓習慣使用這個牌子的顧客們十分煩惱。這樣的「缺貨」正是威爾森‧哈瑞爾公司的策略，它在「新奇」正要登場前一兩天，刻意與零售商們打招呼，聲稱最近幾天因需求量大，暫停供應「處方四〇九」幾天。

「新奇」在該市場一出現，不少家庭主婦為了應急，一擁而上購買這個新牌子。「新奇」很快銷售了一批貨物。試驗市場旗開得勝的消息迅速傳回總部，寶潔公司的決策者決定全面投入生產和向全美國市場推廣。

哈瑞爾公司看到勁敵的作為正如自己所推測的，於是決定馬上行動。哈瑞爾公司將十六盎司和半加侖裝的「處方四〇九」包裝在一起，以低價出售，並大做廣告，聯繫其全國的經銷網一起為這些特價品促銷。主婦們看見自己日常用慣了的清潔劑如此便宜，便紛紛爭購。這樣一來，使大多數家庭和用戶半年內都不必再買清潔劑了。而寶潔公司卻忽略了哈瑞爾公司的這些策略，繼續按原計劃大規模投入生產，並耗費鉅額資金在全國各城市大張旗鼓地為「新奇」做廣告。

寶潔公司的老闆樂悠悠地等待「新奇」的經營捷報，豈知一連數月，「新奇」只銷出去一點兒，沒有多少人問津。不久，「新奇」噴霧清潔劑在商店的貨架消失了，再沒人經銷了。哈瑞爾公司看在眼裡，跟著大力開展促銷和活絡供貨活動，牢牢地占據著清潔劑市場的主要位置。

因此說，有準備就能夠有機會制服別人，沒有準備就很容易被別人制服。從商亦如此，只要提高警惕，知己知彼，做好各方面準備，以防萬一，想好各方面的奇策妙計，時機一到就有成功的機會。

26 一點巧思賺大錢

庫里恰克是個美國的小商人，主要是靠經營日貨起家的。最初，由於第二次世界大戰的爆發，日貨幾乎處處被抵制，日商對於外國的經銷商是很優惠的。庫里恰克從玩具、工藝品開始，生意越做越大，範圍越來越廣。他的生活也從縮衣節食、住的簡陋到三餐不愁、有了自己的公寓。正當他用全部資金進了一大批日貨，準備大發一筆時，珍珠港事件爆發了。

日本商品賣不出去，做別的又沒本錢。守著堆積如山的日本貨品，他悵然若失，不知所措，一連好些天，他連大門也不願出。一天，他想到郊外散散心，等了很久也沒見到一輛計程車，接著就發現許多人在擠公共汽車，其中還有不少中產階級。經打聽，才知道原來當局頒布了《戰時物資管理條令》，不少物資被列為軍需品，控制供應，汽油也是其中一種，當然計程車也就難見了。

「該死的戰爭，連物資也給卡死了。」他咒罵道。這時他才注意到，街上的很多廣告都被以愛國為內容的標語取代了。望著這些標語，一個主意在他心裡逐漸成熟了。

第二天，他的商品廣告單上出現了這樣的紅色大字：「買日貨是愛國！為什麼？我們正在對日作戰，每買一批日貨，就省下了一批我們的寶貴資源，這些資源就可以用於生產軍需品，前方將士就多一份力量！愛國的人不可不買日貨。」

戰爭牽動著多少父母、兄弟、姐妹，誰不願為戰爭的勝利作一點貢獻，哪怕是微乎其微的。庫里恰克的日貨半個月就銷售一空了，他不但沒虧本，反而大獲其利。

庫里恰克是個聰明的人，他巧妙的激發愛國人民從另一個角度購買日本商品，大獲其利。

27 痛定思痛，再創佳績

瑞士本是獨霸世界的鐘錶王國，生產鐘錶已有四百年的悠久歷史，壟斷了百分之七十的世界鐘錶市場，每天創造近二十億美元的價值。二〇世紀六〇年代，瑞士發明了石英電子錶，時間準確，每月誤差不超過十五秒，價格低廉，一般售價不超過十美元；而傳統的機械手錶，每月誤差高達一百二十到一百八十秒，售價高達幾十美元，二者的優劣長短，十分清楚。而瑞士人卻為傳統成見所囿，以為石英錶是「小玩藝」，難登大雅之堂，仍然繼續生產機械手錶，這是對世界鐘錶市場的發展趨勢缺乏預見，對自己發明的石英錶的優越性能認識不夠，因而犯下了致命的錯誤，幾乎導致全軍覆沒。

當時，日本和香港的鐘錶商慧眼獨具，搶先生產物美價廉的石英錶，占領了世界鐘錶市場，打垮了瑞士的鐘錶業，使其外銷量由八千二百萬塊降為三千一百萬塊，導致瑞士國內三分之一的鐘錶工廠倒閉，大批工人失業。

瑞士的鐘錶業痛定思痛，根據知己知彼的原則，總結出造成重大失誤的三點原因：

第一，對事物缺乏敏感性，沒有充分認識石英錶的巨大優越性，未能及時地轉向大批生產石英錶，以致被日本和香港的鐘錶製造商搶走了市場。

第二，缺乏預見性，未能掌握世界鐘錶市場需求的新動向，因而在生產和銷售上都造成重大失誤。

第三，原有機械手錶的結構落後，成本偏高，缺乏競爭力。

於是，瑞士的鐘錶業大量生產石英錶，研製出超薄型並帶有香蕉、草莓香味的新型石英錶，這種新產品在世界鐘錶市場上一鳴驚人，一九八五年出口產值達四十三億瑞士法郎，從日本手裡奪回了鐘錶王國的桂冠。

【第三篇】借力使力，四兩撥千斤

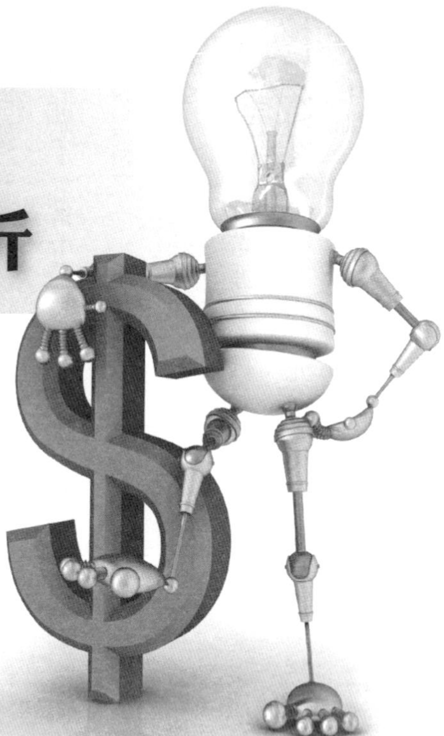

28 借雞生蛋，知本生財

曾有人這樣感嘆！我沒有錢，拿什麼去和別人競爭？其實，智慧就是很好的本錢。

在中國就有這麼一家H服裝公司，說是公司，實際上除了員工們的一肚子墨水之外，別無他物。他們的資產，就是腦海中的智慧。

這家服裝公司沒有資金，但有的是智力、精力、組織能力，有的是發財點子。首先，他們做了一番市場調查，掌握了服裝業市場供需情況，找出了入手處：從生產服裝的原材料之一——原棉入手。

他們瞭解到，河北某縣的棉花產量過剩，難以銷售。當地棉農找不到買主，手中都積壓了大量棉花，叫苦連天。於是，他們直奔而去。果然有不少好棉的庫存無人問津，幾經談判之後，雙方便以先交貨後付款的方式，簽訂了供銷合同。注意，是「先交貨後付款」。而且，付款期定在兩個月之後，一次付清。

棉農自然很高興，因為與其積壓下去，不如現貨賒銷，反正對方遲早也得付款交錢，晚點收款也無所謂！

棉花經收購之後，便由棉農負責發運，運到了H服裝公司指定的某地。這裡有許多家棉紡廠因材料不足，早已停工等待材料了。他們對於這個大客戶的來臨，感到非常高興。H服裝公司的代表和棉紡廠幾經交涉，便簽訂了「來料加工合同」，加工費在交貨後一個月內分兩次支付。棉紡廠好不容易盼到原料，工廠得以再度運作，因而便答應了H服裝公司的要求，並先墊支工作費用，立即開工上機。就這樣，沒過多久，棉花便變成了棉布。H服裝公司便由棉紡廠發貨，再運往服裝加工廠。

服裝加工廠接下這批加工業務之後，日夜加班，一個月後，加工成了各式各樣的時髦服裝。

在此同時，H服裝公司加緊腳步在大都市尋求各種合作對象，如流動攤販、商店或是批發商。雙方簽訂供銷合同——現錢現貨，約定取貨日期，交款後馬上取貨，當日辦妥。由於這一大批服裝款式新潮，獲利可預期，眾人躍躍欲試。

於是，批發商們便拿著現款到服裝加工廠等發貨。工廠加工一批，就賣出一批，完全沒有庫存壓力。這樣，H服裝公司就地收錢發貨，不多時全部批發完畢。之後，便逐一付清先前的成本費用，如棉花錢、棉布加工款等。剩下的，就是H服裝公司的利潤了。在整個運作的過程中，省卻了許多費用，還發了大財。

沒有本錢能不能發財？本例就是答案：能！

29 見縫插針巧賺錢

在商戰中，「隔岸觀火計」可引申為：當競爭雙方因矛盾激化而秩序混亂時，自己不捲入其中，並靜觀其變。競爭越激烈，對雙方越不利，自己要根據形勢的發展做好準備，相機行事，坐收漁利。

二〇世紀七〇年代末，歐洲人創造了「魔術方塊」。

當香港人從報刊上看到歐洲人玩魔術方塊的消息後，許多廠家都抓住仿製魔術方塊以填補東方市場在這塊領域空白的時機，紛紛採取行動，派人去歐洲考察，瞭解魔術方塊的生產情況。

有一家化學公司的老闆敏銳地發現：為生產魔術方塊創造條件也是一個機會。他靈機一動，請他的哥哥迅速從歐洲將生產魔術方塊的資料傳到香港，大量複製，同時在香港四家電視台同步播放廣告：「你想生產魔術方塊嗎？××化學公司將為您提供全套技術資料。」一時間上百家塑料工廠上門爭購，一度蕭條的化學公司一夜之間轉衰為興，大賺一筆。

＊

二次大戰以後，美國的建築業大為發展，磚瓦工工價上漲，這對失業者來說是一個難得的機遇。

一貧如洗的麥克為了生計由明尼亞波里斯來到芝加哥。他看到招工廣告後，並沒有投入到應徵當磚瓦工的洪流中，而是在報紙上刊登了「你能成為磚瓦工」的廣告。邁克租了一間店鋪，請來一位瓦工師傅，買來一千五百塊磚頭和一堆沙石作教材，展開培訓業務。許多人蜂擁而至，出高價受訓。結果麥克十天就獲利三千美元，等於一個磚瓦工兩百天的收入。

企業競爭如戰場上的競逐，當一種為眾人共有的機遇出現時，往往也可以給自己帶來盈利的契機，能否抓住這一契機，關鍵在於能否「隔岸觀火」。只有靜觀形勢，耐心等待，不忙於一時競爭，才能冷靜決斷，抓住時機，實現自己的目標。

30 深夜十一點的燈光

福勒是美國一位黑人佃農七個孩子中的一個，他選擇經商作為生財的一條捷徑，並以銷售肥皂為業。他挨家挨戶出售肥皂長達十二年之久，後來獲悉供應他肥皂的那個公司即將拍賣，售價是十五萬美元。他決定買下這家公司，但在過去十二年的經營中，只積蓄了二萬五千美元。最後雙方達成協議：他先交二萬五千美元的保證金，然後在十天的限期內付清剩下的十二萬五千美元，如果他不能在十天內籌齊這筆錢，就喪失已交付的保證金。

福勒在他當肥皂商的十二年中，獲得了許多商人的尊敬和讚賞，現在他得去找他們幫忙了。他從私交的朋友那裡借了一些錢，也從信貸公司和投資集團那裡獲得了援助。

福勒回憶說：「當時我已用盡了自己所知道的一切貸款來源。那時已是沉沉深夜，我在幽暗的房間裡自言自語：我要驅車走遍第六十一號大街。」

夜裡十一點鐘，福勒驅車沿芝加哥六十一號大街駛去。駛過幾個街區後，他看見一所承包商事務所亮著燈光，他走了進去。在那裡，在一張寫字枱旁坐著一個因深夜工作而疲憊不堪的人，福勒意識到自己必須勇敢些。

「您想賺一千美元嗎？」福勒直截了當地問道。這句話讓那位承包商瞬間清醒許多，「是呀，當然！」他答道。

「那麼，給我開一張一萬美元的支票，當我奉還這筆借款時，我將另付一千美元利息。」福勒對那個人說。他把其他借款給他的人的名單給這位承包商看，並且詳細的解釋了這次商業冒險的情況。

那天夜裡，福勒在離開這個事務所時，口袋裡已裝了一張一萬美元的支票。以後，他不僅在那個肥皂公司，而且在其他七家公司，包括四家化妝品公司、一家襪類貿易公司、一家標籤公司和一家報館，都獲得了經營權。

福勒成功了，在很大程度上得歸功於他勇於冒險的勇氣與智慧。假如他沒有想到要去尋找這盞燈光呢？假如他沒有勇氣去向這個陌生人求助呢？

請記住：成功屬於那些敢創新、有勇氣的人。

31 瑞士巧克力的誕生與風行

每當人們吃到自己所喜愛的巧克力糖，大多數人會聯想到這是不是瑞士巧克力。事實上，巧克力糖並非瑞士人創造發明的，但是，當這個國家的企業家瞄準了這個商品後，幾經改進提高，使瑞士的巧克力糖聲名遠播後，瑞士幾乎成了巧克力的代名詞。瑞士生產的巧克力大多數集中於維威城（Vevey），這小城鎮被稱為巧克力城。它位於美麗的日內瓦湖畔，風光旖旎，是瑞士的著名旅遊勝地。這裡山清水秀的自然環境，為巧克力提供了良好的生產條件。

維威巧克力的發展歷史，是一段艱苦創業的歷程。一八一五年，一名叫路斯・凱勒的年輕人發現市場上出售一種糊狀的巧克力，它香氣撲鼻，美味可口，使人垂涎。他經細察探聽，獲知這種巧克力是義大利生產的，他認定這種產品大有發展前途，下決心要自己生產這個產品。

為了瞭解巧克力的配料和生產方法，他到義大利去當外籍工人，進入生產巧克力的工廠工作。皇天不負苦心人，他在這家工廠埋頭工作和研究了四年多，終於掌握了巧克力的配方和生產技巧，找出了糊狀的原因和改進方法。技藝學成以後，他立即回到自己的家鄉維威城開設瑞士的第一家巧克力工廠，成功的生產出一種既呈固體形，入口後又迅速溶化的巧克力糖，使之很快成為暢銷商品。

今天的維威巧克力加工廠已發展成為一個規模龐大的現代化工廠，有員工近千人，年產各種巧克力糖近萬噸，年銷售額達數億美元。維威巧克力今天已風行於世界一百多個國家和地區，成為瑞士產品的一個名牌。

維威巧克力能獲得成功，關鍵在於注重選料、科學配方和先進的生產技術。早在一八七五年，該廠就成功研究出在巧克力中加入牛奶的產品，並進而把這種產品推上了新的舞台，在一八七八年的巴黎博覽會上獲得了銀牌獎。

同時，維威城處在山清水秀之中，這個地方是瑞士的牧區，不但為巧克力生產提供了質地優良的水，而且提供了大量新鮮的牛奶。巧克力工廠為了取得潔淨、高品質的牛奶，辦起了大牧場，使牛奶完全符合奶油巧克力的原料需求。

隨著時代的發展，人們普遍形成一種害怕身體發胖的心理。食用糖果一般易於使人發胖，故有一度消費減少。維威巧克力的生產者針對這種狀況，研究出既有高營養價值，味形俱佳，又能防止人們吃後發胖，並且可較長時間保存的巧克力，經過這一改進之後，巧克力成為老少男女皆宜的食品，又適合運往世界各地，從而擴展了市場。

瑞士巧克力的誕生與風行正是充分運用了由改造而創新的策略的。

32 借「東風」

《三國演義》中有一則「借東風」的故事：孫劉聯兵，欲火攻曹軍，但那時「萬事俱備，只欠東風」。為此，周瑜大病，臥床不起。諸葛亮知其心事，點破之後說：「亮雖不才，曾遇異人，傳授奇門遁甲天書，可呼風喚雨。若在南屏山築台祭風，能借三日三夜東南大風。」借風之夜，天色清明，微風不動。周瑜甚疑「隆冬之時，怎得東南風乎？」沒料到將近三更時分，風聲響，旗旛動，真的刮起了東南風。一場火燒赤壁的大戰就這樣開始了。

翻閱古今中外有關戰爭的書籍，像諸葛亮那樣能在戰場上呼風喚雨的人，可謂鮮見，大都屬於傳說；但在國際市場競爭中，這樣的能人卻屢見不鮮，美國人弗里德曼就是其中的一位。一九七二年，石油價格上漲，有關人士憂心忡忡，不知所措。面對這種狀況，這個未經「異人」傳授、未讀「天書」的年輕人，憑著一股闖勁，也設法「借風」：先築「台」——買下一家僅有十五名職工的小廠；後

「祭風」——果斷地生產石油機械設備。不久，地球上就刮起了一股巨大的「採油風」，許多國家因石油進口減少轉為自找門路採油，競相爭購採油設備。弗里德曼創辦的石油設備公司「借風」獲利，年成交額從二百萬美元增加到七千萬美元。

其實，弗里德曼的借風就是借市場形勢之風。風從何處來？風從事物發展變化的客觀規律來。借風就是掌握規律，運用規律，順應自然之道，應物變化。當代科學技術的飛速發展，人類社會的長足進步，必然誘發種種新的需求。市場風雲的變幻，市場供求的短缺，消費心理的變化，都會構成新的需求。然而，新需求是什麼，規模有多大，雖難以完全加以預料，但也並不是雜亂無章，偶然出現的。

它遵循著某種規律，呈現出一定的趨勢，若有心於它，是可以找出一些線索，隱約地看到一些脈絡的。如以化妝品為例：此物品原只供女性使用，從二〇世紀八〇年代起，逐漸向男性傾斜，特別是在歐美國家，許多大男人，以至大男孩均以化妝為時尚，這使根據男性特點設計的除臭劑、潤膚露、潤髮乳、抗汗劑、剃鬚膏等男用化妝品大行其市。

這一趨勢事實上反映的是人們對美的追求越來越強烈，人類愛美的天性越來越明顯化的規律。同樣，化妝品原只供美化人體之用，如今轉為對人體的保護、營養和治療，使採用中草藥、蔬菜葉、種子等的「生物科技化妝品」成為市場上的搶手貨。這反映了人類對生活質量的要求越來越高，以及在發現過多使用化學性化妝品所帶來的不利之後，轉而崇尚自然性產品，無疑也是否定之否定規律的一種體現。

與此相類似的還有，人們先是嚮往大城市的生活，羨慕鬧市的繁華，而一經城市化的弊端越來越暴露出來，人們重新走向鄉野，重返寧靜美麗的大自然也是大勢所趨。

33 小蝦米對大鯨魚

俗話說得好：眾人拾柴火焰高。它反映的就是通過聯合的力量能夠達到單一力量所不能實現的目標。商戰充分體現了「物競天擇」、「適者生存」、「不適者淘汰」、「大魚吃小魚、小魚吃蝦米」的道理。作為戰場中的一員要想站穩腳跟，不妨採取聯合銷售的方法，來壯大自己的力量，這樣一來，可以突破大企業的封鎖、力克企業強敵。

聯合銷售的力量，實在不能等閒視之，當我們看到日本聯合超級市場，以中小型超級市場共同進貨為宗旨而設立的公司，以及它的驚人發展，就會有如此的感慨。

就在一九七三年的石油危機之前，總公司設於東京新宿區的二德食品超級市場董事長——蝠內寬二大聲呼籲：「中小型超級市場跟大規模的超級市場對抗，要生存下去的唯一途徑就是團結。」可是，當時響應的只有十家，總營業額也不過只有數十億日元而已。但是，現在的日本聯合超級市場的加盟企業，共有二五五家，總銷售額高達四千七百一十六億日元，遙遙領先於大限、西友、傑士果等大規模的超級市場。而且，與超級市場界中號稱巨無霸的大限超市相比，日本聯合超級市場的業績，竟然是它的兩倍，尤其近幾年來，日本聯合超級市場的發展更為迅速。

一九八二年二月底，聯合超級市場集團的聯盟企業有一百四十五家，加盟店的總數有一千六百七十六家，總銷售額二千七百五十億日元。但是，從第二年起，加盟的企業總數就增加為一百七十八家，繼而一百八十七家、二百家、二百五十三家持續地膨脹，同時加盟店的總數也由一千九百四十四家增加為三千家……飛躍地成長。在這期間，總銷售增加了四千億日元，而達到四千七百億。這種令人讚嘆的成就，是當初創立聯合超級市場集團，並由自己擔任會長，以令大眾敬畏的神話色彩潛心經營的嶇內寛二沒有想到的。

日本聯合超級市場茁壯成長的過程，歷經無數挫折、失敗，但都能化險為夷，逢凶化吉。二次重大的危機，也能憑藉智慧，安然度過。在一九八七年二月的進貨額高達五百二十九億日元。其中自有品牌商品如：聯合超級市場牌、生活極品、特選美食家等等約占了八十億日元，種類五百五十多種，緊接著以台灣、韓國為中心，自國外進口魚貝類。其他還有製造廠品牌、日用品等共同進貨的收支等等。

原來是一個微不足道的超級市場經營者——崛內寬二，秉持著中小型超級市場再不團結就無法生存的信念，創立的聯合超級流場，發展成今天連他本人也料想不到的龐大陣容。目前，除了島取、奈良兩個地方外，日本全國都可以看到聯合超級市場的綠色文選招牌。

商場就如茫茫大海一樣，一個人的力量是有限的，想要有強大的競爭力，聯合銷售也不失為一個好辦法，只要方法得當，敢想、敢做，想沒有好的銷售業績也很難。

34 反其道而行，闖出一片天

曾經有一段時間，一些人花錢如流水，一些飯店抓住時機，推出了豪華宴，甚至連金箔也端上了餐桌。這些餐廳，一時賺了大錢，但是沒多久形象受損。雖然迎合了特定消費者的心理，但卻排斥了主力顧客。因此，這類餐廳既不會長久興隆，也不利於弘揚勤儉節約的傳統美德。

當年，中國北方一家飯店請何陽進行行銷策劃。何陽先生懂得精彩的策劃絕不是隨波逐流，而是另闢蹊徑。單從飯店實力上講，這間飯店難以同其他飯店進行豪華方面的競爭。由於激烈的競爭，使一些飯店都擠向豪華宴和黃金宴的小道上，但是有錢人畢竟有限，且從社會輿論上講，新聞媒體也出現越來越多譴責豪華消費的報導。因此，何陽決定反其道而行之，推出了一家節約形象的飯店。

好的行銷策劃不僅在於創意巧妙，還在於具體可行。當時飯店最流行的方式是「顧客最低消費多少元」，這是鼓勵人們多消費，但實際上易於助長浪費。它不是以顧客吃多少買多少為準繩，而是以飯店多賺錢為目的，自然引起了人們的反感。何陽先生從顧客角度出發，讓他們吃多少買多少，不能買得過多。因此他提出了「最高消費」的創意，即進入這家飯店的顧客平均每人消費「不得超過」八十元。

創意一出，語驚四座。飯店十分擔心收入會大大減少，客人多給的錢都不要，這不是傻瓜做法嗎？但是策劃案實行後，效果卻非常的好，飯店收入大大增加，一個食客說出了其中的原由：「現在的飯店一個比一個漂亮，進大飯店心裡沒譜，進小飯店又怕宰人，真不知懷揣多少錢才能吃下一頓飯。見到這家餐廳，心裡就踏實了，手中有八十元，就可大膽地往裡走了，讓人輕鬆和愉快，肯定不會挨宰。」同時，由於這家飯店提倡勤儉節約，也吸引了大量的普通工薪族，樹立了良好的企業形象。

何陽這一創意充分運用逆向思維，收到了意想不到的效果。當一種經營方法盛行的時候，其他同行業的人一般都遵循思維定勢採用此方法而不思更改。此時，若你反向考慮一下，也許將發現別人沒注意的領域，從而開闢一片新天地。運用逆向思維作決策，不妨一試。

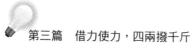

【第四篇】吸取新知，洞燭機先

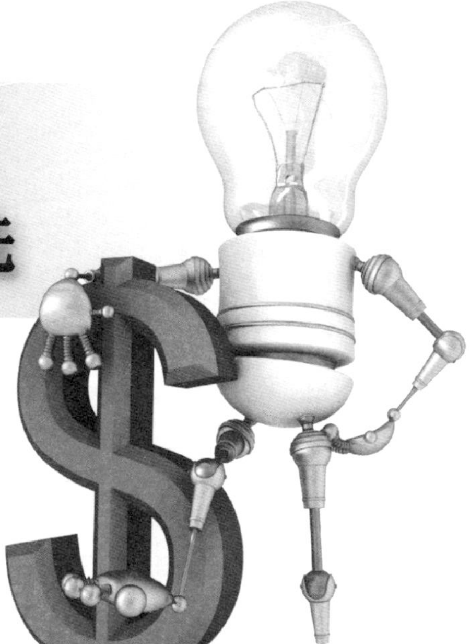

35 遠見卓識換取財富

發財是現實生活中很多人的夢想。但空想的結果是徒增傷悲，因為空想不等於現實。用心去詮釋尚未浮出水面的訊息，或許不久的將來，擁有的不只是原來的你，還可能是富翁的巨額財富。

台灣某報記者受命採訪大陸著名國畫家李可染，當他興沖沖地來到李寓時，方知李可染已駕鶴西歸。因某種原因，李公辭世的消息尚不為人知。這位記者探得這一情況，靈機一動，馬上趕往榮寶齋等寄售李可染書畫之畫廊。一見大喜，李公絕筆書畫仍原價掛在那裡。

記者馬上聯繫自己的親屬，傾全家之力，把大筆款項匯到北京，將李可染生前寄售的書畫盡數買下。時隔一陣子，港台以及海外人士才得知李公仙逝。待他們紛紛趕到北京，欲購李可染生前親筆書畫時，李公絕筆墨寶早已售出了。而購得李可染書畫的這位台灣記者，在一念之間就成了巨富之翁。

「處處留心皆學問」，消息的價值就在於人的運用。在商業活動中，一要能發現訊息，二要會用訊息。有了這兩條，你便能走入財富的大門了。

36 洞悉毫釐賺大錢

什麼是成功的秘訣？答案正在於洞悉毫釐的靈敏嗅覺。

二十世紀初，三十歲的陳嘉庚在新加坡開始了他的創業生涯，最早經營的是罐頭廠。

有一天，他從一個英國職員那裡聽到英國一家股份公司在新加坡高價收買橡膠園的消息，便以企業家的敏銳眼光，看到這項事業的廣闊前景，立刻轉而投資經營橡膠園。到二〇年代初期，他已有橡膠園五千英畝。這時，一個巨大的逆浪向他衝擊而來。由於種植橡膠本輕利重，英、日商紛紛擁來。一時間，橡膠園遍布南洋，產量大幅度增加，市場供過於求，價格開始下跌。陳嘉庚的橡膠廠也因虧損而部分停產。

在不利的形勢下，陳嘉庚並不退縮，而是通過仔細的分析，從滿天陰霾中看到無限的光明。他認為，橡膠用途之廣無與倫比，二十世紀將是橡膠的時代，眼前的生產過剩和利潤減少只是暫時的。而且，南洋一帶的橡膠業是英國政府的重要稅收來源，英國殖民者決不會放任膠價繼續下跌。於是，陳嘉庚做出一個大膽的決策，就在人們紛紛出賣橡膠園、橡膠廠的時候，他決定把願意出讓的橡膠廠立即承接過來。他看中馬來西亞等地，花了三十多萬元買下九間橡膠廠，又花了十多萬元擴充這些橡膠廠的設備，以及將自己原有的橡膠廠也都進行修整和擴充。同時，他瞭解到熟膠製造多為英商獨占，而自己的橡膠園只能提供橡膠原料，便又投資十萬元擴大橡膠熟品製造廠。

不出陳嘉庚所料，一九二二年十一月，英國政府強令限制橡膠生產，膠價開始回升，橡膠業恢復了生機。

儘管商人都知道產品價格降後會升、升後會降的規律，但並非每個人都能很好地運用這一規律，總是被供求波動所支配。陳嘉庚通過仔細分析，從黑暗中看到橡膠市場的曙光，於是頂風行動，果斷出擊，一舉買下了九間橡膠廠，並更新設備，最後終如所料，膠價回升，得到豐厚的利潤。

37 弦外之音的訊息

訊息的滋生和繁衍是沒有固定跡象的，也許就那一次對話；也許就那一場春雨；也許只是一種千里之遙的思念。

中國的某化工廠劉廠長參加一次市政府召開的經濟工作會議，在分組討論會上一位同志的發言，引起了他的注意。這位同志說：「現在小化工廠發展很快，但雷同的產品多，造成相互競爭市場；而空檔的產品，尤其是替代進口的產品卻沒廠家做。比如有一個石化公司使用環烷酸鹽，其生產的其中一個品種A供大於求，而另一個品種B，石化公司只能進口，聽說該廠還有人掌握該產品生產技術。」

劉廠長對這個訊息十分重視，沒等散會，他就找這位同志來瞭解詳情，然後在「明白人」的指點下，找到了石化公司的一位退休老技術員。當年就是這位老技術員研發過該項產品，公司因覺得用量太小，不值得配上一套裝置，所以這件事也就不了了之。某化工廠已有一套生產環烷酸鹽的生產線，但所生產的品種恰是市場過剩品種A，正愁轉產無路，所以得到這一消息是如獲珍寶。經過與老技術員的反覆研究，劉廠長決定轉產替代進口的環烷酸鹽B。在這位老技術員的指導下，經過簡單的技術改造，環烷酸鹽B在該化工廠生產出來了。當時只供一家石化公司使用，產量很小。後來又通過有關部門得到的訊息，知道全國還有幾家企業用環烷酸鹽B，他們又擴大了產量，形成了經濟規模，取得了轉產的成功。

訊息的價值不僅因人而異，因時而異，還因地而異，在彼處不值一文的東西，到此處有可能身價百倍，而善於捕捉訊息的人，則能充分地利用訊息在地域上的差別。

38 知彼知己，百戰百勝

古云：知己知彼百戰百勝。然而如何在商戰中做到知己知彼呢？讓我們看看席爾瓦是如何在商戰中具體操作的。

一九八二年，在英國法恩伯勒航空博覽會上，巴西航空工業公司的創始人奧濟雷斯・席爾瓦上校偶然聽說了這樣一則消息——英國皇家空軍可能要淘汰一批陳舊過時的練習機。對於一向機敏果敢而又老謀深算的他來說，立即預感到了什麼。

於是他在展覽會內外頻繁活動，施展出生平作為外交家和飛機製造商的本事，通過某些管道證實了英國皇家空軍確實正在計劃更換陳舊的訓練機。而且他還探聽到英國方面對新飛機的主要要求是：耐用，至少要飛行三十年，具有很強的抵禦飛鳥的撞擊能力，快速的爬升能力，新飛機在七分鐘內要能升到一萬五千英呎的高度等等。

瞭解到了這些，席爾瓦上校高興萬分，當機立斷，果敢地決定將自己原來的圖爾諾飛機迅速地加以改進，各種性能指標都要符合英國方面的「要求」，以便一旦英國皇家空軍招標就申請投標。

「機遇總是垂青於那些有準備的人」，一九八三年底，英國皇家空軍果然宣布要更換陳舊的訓練機，並正式招標，決定購買性能優良的一百三十架新式軍事訓練機。消息一公布，立即有近二十家國際著名的大飛機製造公司宣布投標。在這場激烈的競爭中，巴西航空工業公司倒顯得從容不迫，因為他們已經為這次招標做好了充分準備，而且這些準備還都是有針對性的。其他應標的飛機製造公司都沒有把年輕的巴西航空工業公司放在眼裡，認為它還「嫩」，根本不會對自己構成競爭上的威脅。

然而，英國皇家空軍垂青專門投其所好的巴西航空工業公司，這正是巴西航空公司一年來所努力追求的。英國皇家空軍對巴西航空公司經過改進的圖爾諾飛機十分滿意，認為這種飛機無論在通訊、領航、飛行訓練、打靶、戰術運用還是特技飛行方面的性能都良好，都符合培養優秀飛行員的需要。他們還非常欣賞圖爾諾飛機的低空飛行性能，先進的電子系統，以及訓練安全方面的保障。同時，價格便宜是皇家空軍執意要購買圖爾諾飛機的另一個原因，在於其僅售一百二十萬美元，比其他應標的飛機售價低了六十七萬美元。

巴西航空公司的成功就在於它靈敏於他人的嗅覺，嗅到了先於他人的訊息，才能一舉得標，獨占鰲頭。

大家都知道，無論打仗作戰，還是經商賺錢，只有做到知己知彼才能取勝。問題在於，怎樣才能做到知己知彼。知其然易，知其所以然難。知己知彼的實際操作，主要還在於怎樣去「知彼」，怎樣去「知己」，二者具備之後，就是具體運作的問題了。

39 看準了就出手

市場銷售要善觀時變。高明的商家要嘛採取「逢缺急上」的策略，要嘛採取「逢滯莫丟」的策略，發揮自身優勢，另闢蹊徑，贏得顧客和銷路。

中國吉林省的白山圖片社原本是一家小照相館。當初，市場上黑白底片緊缺，不少照相館和照相器材商店掛出了「黑白底片無貨」的牌子，到白山圖片社來詢購底片的顧客也絡繹不絕。精明的老闆看出：大規模生產黑白底片的時機到了。於是，馬上動手擴建了一百多平方公尺的廠房，購置了部分設備，與有關廠家合作，開始生產黑白底片。產品上市後，他們當年就獲利二十二萬元。

黑白底片暢銷一年多以後，黑白電視機又開始大量湧進家庭，市場上出現了「電視機熱」。在這股熱潮中，電視濾色片的需求也跟著大幅度成長。而生產電視濾色片與生產黑白底片的工藝相近，轉產是比較方便快捷的。於是，白山圖片社又生產出電視濾色片，僅當年就獲利三十萬元。

不久之後，他們又從市場上得知，彩色底片的需求量正呈上升趨勢，而經營彩色照片沖洗印業務的，當時東北三省還沒有一家，拍完底片的，只能千里迢迢寄到或帶到北京去洗印。他們當機立斷，決定馬上經營這項業務。很快從日本引進了彩色沖印機，在東北地區獨家經營彩色底片的沖洗擴印業務，當年獲利六十七萬元。第二年再擴大生產，利潤增到了一百八十萬元。

這是一個「逢缺急上」成功的例子。白山圖片社「看準了就快變」，短短幾年，便成為一家具有相當規模的企業了。

40 唯有遠慮，才無近憂

商海沉浮中，正確的決策，是商務正常運作、贏取經濟利益的先決條件。大凡功成名就者都有自己的一整套中遠期計劃。

中國商人陳世增入主玉田縣第二化肥廠時，處境非常艱辛，工廠荊棘叢生、滿目蒼涼、蛛網滿布，陳世增經深思熟慮後果斷決定：將化肥廠改建為啤酒廠。陳世增的這一決策依據的是充足的資訊分析和科學的預測。當時，僅本市的大小啤酒廠就十四個。別人說：「啤酒市場快飽和了，還湊什麼熱鬧。」但陳世增的「戰略研究小組」有足夠的資訊分析：一九八七、八八年是啤酒市場的好年頭，一九八九年將有啤酒大戰，一九九〇年啤酒行業的生產將陷入低谷。在資訊分析的基礎上，陳世增不但決定建廠，而且決定「快建廠」、「快量產」、「高效益」、「高起點」，制定出各年度決策的目標：一九八七年打開市場，一九八八年擴大戰果，一九八九年積極競爭，一九九〇年鞏固、提高企業地位及業績。

在這一決策指導下，「豪門啤酒廠」成立了。豪門的目標當然是占領全國市場，但攻占第一個市場尤為重要。豪門人要在三個市場上選擇一個最佳方案：占本市、攻天津還是進北京。先攻本市市場，困難較少、容易成功，但影響不大，更重要的是誤了時機；攻北京市場，攻下了當然好，但北京市的啤酒行業歷來實力雄厚，攻破的可能性不大，況且久攻不克降了士氣。打天津呢？天津與本市的關係一向較厚、交通方便、市場較大，尚有攻克的可能。

於是，他們集中力量向天津「開炮」。但事情卻一波三折、不盡如人意。品味高雅的天津人哪會認為一個縣辦小廠能生產出優質啤酒。硬攻不克，就改用迂迴，陳世增舉行了有天津各界人士參加的啤酒品嘗會，把他們的啤酒和另外一種名酒拿掉商標混放在一起讓大家品嘗，結果大受歡迎，小廠終於敲開了天津的大門，邁出了決定性的一步。他們由此做出更宏偉的決策：以天津為根據地，進而向四面八方進攻，搶占國內外市場。

為了實現自己的目標，陳世增採取了借勢壯己的戰略。先與北京五星啤酒廠聯營，最後實現由「借牌子」（五星）到「創牌子」（豪門）的決策。一九八七年一占領天津市場，他們就在天津周圍築「圍牆」，布新點，保持主市場，發展新市場。當他們在天津市場占有率達到一定比例時，就集中力量往南北蠶食，打北京、攻東北，進而把東北、華北兩大市場連成一片，進可攻、退可守。另外，在華東、西北、中南地區也有戰略布點，為今後向全國推進做了充分準備。

「豪門」不愧為豪門，在經營策略上，他們採取了中庸之道的「領先半步」，這使他們贏得了市場。「領先半步」確實好，一方面可使自己免於疲憊，另一方面可使對手不至於太為難自己。

41 先知先覺賺大錢

在無線電工業中大放異彩，率先把收音機、電視機送入美國人家庭的大衛・薩納福的先見之明，是世界聞名的。

二〇世紀初，薩納福在馬可尼公司當無線電報務員。就在他值班時，收到了鐵達尼號沉沒的消息。那時，無線電的用途僅限於一些特殊範圍，與一般群眾和家庭生活是無緣的。薩納福卻敏感的意識到，無線電技術大普及的時代就要到來，他首先立下了「使無線電廣播大眾化」的宏願。

由於第一次世界大戰的影響，他的這個願望在戰後才逐步實現。他改進發射機，發展收音機，並組織了國家廣播公司，使美國的無線電廣播事業進入了一個新階段。

然而，不是人人都有這種遠見的。當薩納福提出研製小型收音機時，當時幾乎所有的技術人員都反對。「這是不可能的。」他們說，「把收音機縮小到能隨意搬來搬去，甚至提在手上滿街跑，這簡直是幻想！」

「我們的公司要有大發展，就一定要做到這一步！」薩納福寸步不讓：「當年，無線電波能在空中傳播，被多少人認為是幻想！我們要創辦一種事業，必須在不可能中求可能。我認為，我們優秀的研究人員，沒有辦不到的事，只是先要做到一件事——把『不可能』三個字從腦袋裡去掉！」

薩納福如願以償，這一計劃成功了。由此，他就任美國無線電公司（以下簡稱RCA）總經理。但這只是他事業的開始。

他上任不久，就碰上了美國經濟大蕭條。在經濟危機的風暴中，使企業保持不垮，已屬奇蹟，而薩納福在引導公司渡過難關的同時，又著眼未來，開始研製新產品。在生意極其萎縮的情況下，他毅然決定，將RCA所能動用的全部資金，都投入電視機的研製中，以期這種「用看代替聽的機器」能將RCA帶入一個全新的境界。這種魄力和遠見，實在是少見的。

薩納福是在飯桌上，從兒子口中第一次聽到「電視機」這個名詞的。一九二六年，愛達華州一位名叫哈羅霍斯的少年，在埋頭研究電視機的事，被人們當神話一樣傳說。

「爸爸，什麼叫電視機？」六歲的兒子問道。

「電視機？」薩納福對這個愛發問的兒子常感到頭疼，「是你自己創造的名詞吧？我可從來沒聽說過。」

「不是。有人說，哈羅霍斯正在研究它，這個小孩可真了不起！」

「是嗎？有什麼了不起？你說！」

「他們說，可以把人送到很遠很遠的地方去。」

薩納福對兒子的認真忍俊不禁：「那和輪船、飛機有什麼不同？」

「完全不同，」兒子著急了，「他們說，人坐在家裡不動，別人在很遠的地方就可以看到他。」

「什麼人告訴你的？」

「老師說的。他們說那種機器可以把人和東西送到每一個角落。」

薩納福驚呆了，自言自語著：「真是個了不起的設想，圖像再加上聲音，如能傳播出去……」

薩納福立即意識到電視機廣闊的發展前景，熱切的聘請齊瓦金合作開展這項研究，一刻不停的展開了工作。

薩納福全力發展電視機的決策，遭到公司高級人員的一致反對，他們不願意在不景氣的時候再進行風險投資。只有薩納福明白，時間就是勝利，勝負之分，僅在孰快孰慢。

薩納福力排眾議，實施了他獨斷專行的作風，在齊瓦金的領導下，開展了這項龐大的研製工作，以十萬美元研製費，研製成一台完整的電視機。

然而，由於第二次世界大戰的爆發，公司轉產軍用品，薩納福本人也被徵召入伍，電視機的生產被擱置下來。在服役期間，他以企業家的精神又大露頭角。他制訂了一套無線電廣播計劃，用於開展戰時宣傳，由此誕生了世界聞名的「美國之音」。

大戰結束後，已卸下軍銜的薩納福一回到RCA，馬上下令研製彩色電視，他敏銳的看到，彩色電視機取代黑白電視機的日子一定會到來，儘管當時黑白電視的生產才剛起步。這一計劃，又引起了很多人的反對，大家認為那根本不可能，何必浪費金錢。

薩納福在花了近一億美元的研製費後，終於用事實讓反對他的人們啞口無言。讓另一個「幻想」實現了。

遠見和自信，這就是薩納福的超人之處，也是RCA公司節節勝利、立於不敗之地的保證。

42 知時知勢，轉守為攻

二〇世紀五〇年代初，日本電扇市場開始由實用型向審美型轉化，以往生產的既笨重又難看的電扇大批積壓在倉庫裡。東芝電器公司董事長石板，在一位職員建議的啟示下，研究消費心理的變化，弄清電扇市場的發展趨勢，毅然推出色澤清新、型態優美的水色電扇，在市場上掀起一陣爭購熱，一個夏季就銷出了幾十萬台。六〇年代的日本，經濟高速發展，生活日趨歐化。據此觀察市場發展趨勢，田中造紙公司總經理田中治助意識到：餐紙巾將由奢侈品變為日用品。他決心乘著時勢做一番事業，進口設備，搶先生產。經過幾年努力，這個百餘人的小企業，竟然占領了日本的餐巾紙日用品市場。日本企業家善於觀察，把握市場變化的動向，不失時機地乘勢而進，率先占領市場，因而大得其利。

*

香港的假髮製造業，是應美國的「假髮熱」發展起來的，到一九七〇年，其外銷總值達十億港幣之鉅。就在這個時候，香港假髮業的開拓者劉文漢卻退居澳大利亞，開創新的事業。不久，美國的「假髮熱」消退，香港的假髮製造廠家紛紛倒閉。早見端倪，急流勇退的劉文漢，則隔岸觀火。美國勝象公司製造的縫紉機，在國際上享有盛名，可是，該公司從二〇世紀六〇年代起開始多種經營，先後關閉設在英國、德國和美國等地區的縫紉機製造廠，大力發展航空航海設備、尖端武器和電子控制系統等高技術產品，如今這類子公司遍布世界各地，年銷售額高達二十五億美元。「衰為盛之終，盛為衰之始」，老子的辯證思想告誡我們，市場的盛衰也在不斷轉化之中，貴有知「勢」之明，退當其時。

43 大膽投資，謹慎行事

約瑟夫・霍希哈是與彼得・林區、華倫・巴菲特等齊名的美國一代股市梟雄。他是華爾街上大名鼎鼎的霍希哈證券公司的主席，也是數百家公司的董事長、董事或股東，這些公司中有許多是世界知名的大公司，如通用汽車公司、殼牌石油公司、菲亞特汽車公司、戈納黃金公司、亞特巴斯克鈾礦公司……實在是不勝枚舉。

做證券投機生意的人一定是敢於冒險的人，但僅僅敢於冒險是遠遠不夠的，因為在這一行裡謹慎與冒險是同等重要的。霍希哈就擁有使這兩種素質完美匹配的智慧。

一九三六年，普萊斯頓金礦開採股份有限公司在一次大火中燒燬了全部設備，公司的大小股東們紛紛不顧一切地拋售該公司的股票，致使其股價慘跌至不足五美分一股。此時，霍希哈聽從了一位地質專家的勸告，毅然拿出二萬五千美元資助該公司繼續尋找金礦，同時又悄悄地大量收購該公司的股票。幾個月後，普萊斯頓公司終於在距原來的礦坑三十英呎處找到了黃金。消息一經傳開，普萊斯頓公司的股票一夜之間變得炙手可熱，股票扶搖直上二十美元。霍希哈則分別在十五美元、十六美元和十八美元時果斷將手中的股票獲利拋出，僅此一筆淨賺四千萬美元。

一九四五年二次世界大戰剛剛結束，霍希哈又敏銳地感覺到戰後經濟的復甦將使冶金工業成為發展最迅速的行業之一。他大量地購買了美國孟斯瓦鋼鐵公司的股票，而當時的人們卻很少瞭解該公司，更不知道它所加工的那種富含氧化鐵的打火巖礦石究竟是什麼東西，甚至以為那是一種新型的清潔產品。霍希哈憑借自己豐富的知識和獨到的眼光又一次成功了，不到幾年的時間，孟斯瓦鋼鐵公司股票為他帶來了將近一千七百萬美元的回報。

44 西班牙女郎的奇招

提到股票、銀行、投資等機關商務，人們多會想到那些集智慧和氣質於一身的男總裁們，但是涉足商界的安娜·寶婷恰恰是一位身手不凡的成功女士。

自從有著西班牙女郎傳統熱情和風采的安娜·寶婷出任西班牙桑坦德銀行副董事長兼該行投資銀行首席執行官以來，儘管國際投資銀行群雄並起，競爭異常激烈，但桑坦德投資銀行在她的領導下，卻在新興市場，特別是拉丁美洲市場上取得了令國際金融界大為震驚的業績。她也因此在《歐洲貨幣》雜誌選出的五十位二十一世紀銀行領導人中名列榜首。美國《商業週刊》上的一篇評論說，她像一顆冉冉升起的新星，在國際金融界發出耀眼的光芒。

安娜·寶婷在一九六一年出生於西班牙的一個金融世家。其曾祖父是桑垣德銀行的創始人之一。到了她父親這一代，桑坦德銀行已經發展成為歐洲經營最好的家族銀行。該行多年來一直保持著較高的贏利水平，從未出現過虧損，乃至在歐洲金融界被譽為西班牙銀行界的奇蹟。

出身於名門望族的寶婷女士受過良好的教育。一九八一年她畢業於哈佛大學，獲得文學學士學位。走出校門後，她加入了在投資銀行界享有盛名的J・P・摩根銀行。在隨後的整整七年的時間裡，她熟悉了外匯資金交易業務和最不發達國家債務問題的重組業務，並練就了快人快語的風格。一九八八年，羽翼漸趨豐滿的寶婷女士回到了桑坦德銀行，開始在自己的投資銀行業務方面大顯身手。

眾所周知，在西班牙有著傳男不傳女的習慣。老寶婷先生打破傳統，大膽地將該行投資銀行業務的千斤重擔壓在了愛女的肩上。寶婷女士不負老爹的重託，不僅在男人的世界裡站穩了腳，而且在高利潤、高競爭的投資銀行市場上演奏了一曲曲扣人心弦的樂章。

她首先從拉美地區業務入手，充分利用拉丁美洲與西班牙在歷史、文化和傳統上千絲萬縷的聯繫及語言優勢，硬是從美國銀行把守嚴密的後院打開了缺口。在後來五年多的時間裡，她領導的投資銀行一躍而成為拉美國家最具影響力的銀行。特別是在阿根廷和智利的資金市場、養老金市場上，爭得了最大的業務份額，並且成為股票市場上最大的經紀人。近年來，該行在墨西哥、智利、阿根廷、哥倫比亞、委內瑞拉和巴西的大規模收購和擴張活動，寶婷女士又是主要的策劃者。

寶婷女士知道，自己面臨的對手個個兵強馬壯，實力雄厚，要想同歐洲的大銀行平起平坐，她還需要長時間的努力。她深知，投資銀行的競爭實際上是科技和人才的競爭。於是，她從花旗銀行及銀行家信託公司等在拉美的金融機構中網羅新秀，迅速壯大了桑坦德銀行在拉美的實力。雖然在美國擴大業務的餘地不大，桑坦德銀行還是收購了幾家美國銀行的股份，包括第一聯美銀行。由於她出眾的才能、非凡的業績和出色的公關能力，美國聯邦儲備局特批准該行在美國開展全面的投資銀行業務，包括承銷專為華爾街的拉美公司發行的美國存股證。

寶婷女士目光敏銳，富有洞察力，常常會有人們意想不到的奇招。談起墨西哥金融危機，大多數人仍心有餘悸。然而，在墨西哥金融危機發生前一個月，桑坦德銀行動起來，在墨西哥開設了七家分支機構，為銀行私人客戶和公司服務，而其他銀行在嚴峻的金融形勢下顯得縮手縮腳。在危機發生後，只能眼睜睜地看著一個個客戶到實力雄厚、信用評級較高的桑坦德銀行去了。此後，拉美的資本市場日見萎縮。然而東方不亮西方亮，寶婷女士轉而致力於發展傳統銀行業務，如貿易融資和直接企業貨款。僅此一項，該行的業務額就上升十幾億美元。她說：「我們十分清楚這些市場的多變性，如果不靈活處事，就會徒勞無功。」一九九五年六月，該行作為墨西哥國民外貿銀行發行三美元債券，重新帶回了國際資本市場，俗話說，患難見真情。她的這一舉動贏得了墨西哥政府的信任，為該行承攬墨西哥今後的發債業務打下了堅實的基礎。她說：「我們與別人不同的是，我們立足拉美，而別的銀行則是一會兒來了，一會兒又走了。」

在拉美市場開拓業務的同時，她把眼光投向了亞洲市場。她說：「我們在歐洲、美國和拉美市場上花費了很多精力，現在我們在亞洲市場上活躍起來，我們以擴大機構的規模來展示我們的承諾。」她立志要把設在香港的機構發展成為一家「一村金融商場」，主要從事結構貨款、項目融資、公司財務及咨詢、金融工程和直接投資。如果說該行設地香港的分公司是以緊緊盯著中國市場的眼睛，那麼北京和上海則是其瞳孔。她說：「桑坦德投資銀行亞洲有限公司與J•P•摩根亞洲公司聯手為中華國際橋涵公司提供了五千萬美元貨款，用於引進四座大橋和廣州一條隧道的收費設備。」

除在香港開設機構外，寶婷女士在菲律賓也建立了一個附屬公司。像在拉美的機構一樣，菲律賓公司也從事債務再議付和搭橋貸款業務，幫助當地公司在金融市場上籌集資金。

除工作外，寶婷女士喜歡旅行。她不僅花很多時間泡在倫敦和紐約金融中心，也時常到拉美走走。她的大部分業餘時間用於打高爾夫球，偶爾也忙裡抽閒彈彈鋼琴、作作畫。

舉凡年輕而有成就的人才，往往容易染上孤傲的陋習，但寶婷在年輕功成之際，卻保持了難得的進取精神。這十分可貴。她招攬新秀，充實公司實力，為公司的持續發展提供了堅實的基礎，相信她的事業還會有更大的發展。

45 靜觀時變，引領潮流

法國著名服裝設計師皮爾・卡登在巴黎開設服裝公司，起初也和其他高級服裝公司一樣，專門為上流社會服務，時裝訂數很少，銷售面窄。第二次世界大戰以後，皮爾・卡登適應當時法國和歐洲消費結構的變化，把視角轉向普通人衣著的時裝化上。他打破傳統觀念，敢於創新，第一個提出「成衣大眾化」的口號，把成衣設計、生產的重點從少數名流貴婦的高級時裝轉到一般消費者的時裝上來。

一九六一年，皮爾・卡登首次設計並批量生產大眾需要的流行服裝，並一舉獲得成功。此後，他又不斷推出款式更新、規格不同、樣式各異的一批批流行成衣產品，都取得了巨大的成功，成為法國著名的服裝業巨頭，並在世界上許多國家開設分公司，業務不斷擴展。其實說穿了，皮爾・卡登就是看準了市場行情的變化，抓住了市場機會，適應了市場需求而取得成功的，可以說，他是樂觀時變，實施取予之道的成功典型。

再觀中國商界某些經營者，一味盲目地追求價高利大的商品經營，一窩蜂地買精品、極品，價格貴得嚇人，使一般消費者不敢問津，經營者在短時的廣告效應之後，最終落到門前冷落車馬稀、生意蕭條難以維持的境地。這種教訓值得引以為戒。

46 切莫因小失大

二〇世紀八〇年代初，香港H公司與內地某拖拉機廠做了一筆大生意。合同規定：H公司以最優惠價格向廠方提供了一條價值八百萬美元的拖拉機生產線，第二年該廠以略低於國際市場的優惠價向H公司提供一千四百台拖拉機，第三年再提供二萬二千台，如違反合同則按有關條文罰款。

生產線建成後第二年，拖拉機廠因不能如期供貨被罰款一百六十萬美元，第三年又違約被罰四百八十萬美元。第四年拖拉機廠費了九牛二虎之力，產量終於達到設計能力，希望H公司延長合同期，對方卻說：「很對不起，我們現在已改做別的生意了。十分感謝貴廠三年合作，信守合同。」拖拉機廠只好強吞苦果。

原來，合同簽訂前，H公司已從歐洲某軟體公司提供的咨詢資料中得知，該拖拉機廠的人員素質、技術和管理水準，根本無法履約按期供貨，因此能得到大筆罰款收入，其詐騙動機是十分清楚的。拖拉機廠則貪戀H公司五十萬元的優惠貿然簽約，結果因小失大。

在商戰中，須時時處處提防經濟詐騙。

47 奇貨可居

法籍華人成之凡女士在談到珠寶首飾收藏時說，收藏珠寶、金銀首飾，要買有簽名的和有設計者名字的，既可保值，又可升值。她在與記者談這個問題時摘下自己手上戴的戒指，記者看到那是一枚十八K金戒指，外形酷似捲起的蝸牛，壁刻有製作的年代和設計師的名字。戒指是一九五〇年製作的，她在二〇世紀五〇年代剛到法國時買下，當時買價是六千法郎，可是現在六十萬法郎也買不到了，成了古董。原因是，戒指製作年代在第二次世界大戰結束不久，歐洲步入太平盛世，有錢人專門訂做的這種高級首飾，是手工製作的，制式各不相同，而那些大眾化的首飾是用機器製作的，千篇一律。而千篇一律的東西其保存價值就遠遠不及前者。

一九七〇年，成之凡女士逛巴黎市場，偶然發現了一種很別緻的髮夾，製作年代是一九〇〇年，當時法國有一股崇尚東方文化的思潮。髮夾設計樣式像白菊花，是日本人所喜愛的，當時很便宜。成女士一鼓作氣把巴黎小店出售的這種髮夾統統買回來，這個舉動讓當時的許多人感到奇怪。一九七三年，巴黎有人發現了這種髮夾的價值，到處去買。可是巴黎市場上已經沒有貨了，這種髮夾也就成了高價寶物。

與眾不同，

【第五篇】出奇制勝

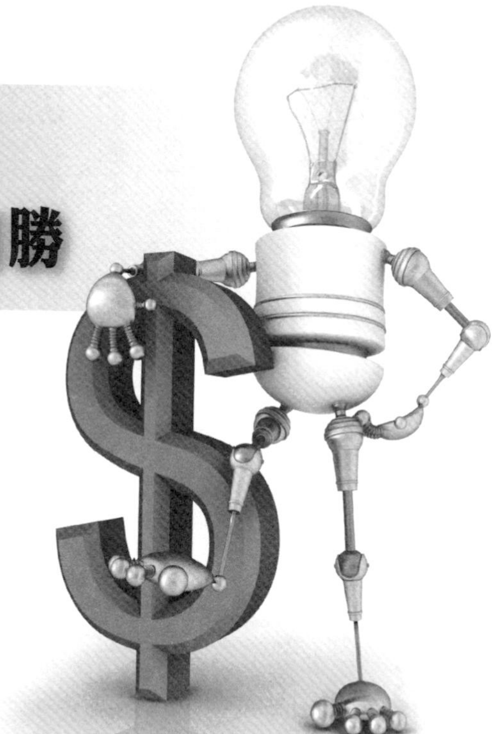

48 微妙的誘人之處

特色是最能打動人心的，哪怕是一個小小的創意或發現。

華裔范先生起先在歐洲的丹麥自謀財路，在生意場上闖蕩了幾年，他認為利用自己獨具特色的手藝可以廣納財源。於是他開了一家中國春捲店，開始時生意並不好。范先生琢磨後明白了，純粹的中式春捲並不合歐洲人的胃口。

他重新進行精心選擇和配製，不再用中國人常用的韭菜肉絲餡心，而是採用了符合丹麥人口味的餡心。這一獨具匠心的改變，外加范先生的不懈努力，原來門可羅雀的小店變成門庭若市，慕名而來者雲集，范先生積累了相當的資金後，迫不及待地擴大生意規模。

他放棄了以前的手工操作，採用新技術，由自動化滾動機來生產中國春捲，並投資興建了「大龍」食品廠，還建造了相配套的冷藏庫和豆芽廠。生意越做越大，范先生的春捲開始向丹麥以外的國家出口。他堅持中國春捲西方口味這一秘訣，針對歐洲各國人的不同口味，採用豆芽、牛肉絲、火腿絲、雞蛋、筍絲、木耳、雞絲、胡蘿蔔絲、白菜、咖哩粉、鮮魚等不同原料來製作，生產出來的春捲營養衛生、香脆可口、風格各異，因而深受歐洲各國人的喜歡。

由於大龍春捲的價格穩定，又適合西方人口味，訂單源源不絕而來，范先生的生意擴展到歐洲各國。在七〇年代末，經美國國會的專家鑒定後，美國政府每天向范先生訂購十萬條符合美國人口味的大龍春捲，以供給美國駐德國的五萬名士兵食用。

一九八六年，墨西哥舉辦了第十三屆世界盃足球賽，大批球迷忙於看球，連吃飯都顧不上。范先生再次抓住這個機會，按照墨西哥人的口味習慣，生產了一大批辣的春捲銷往墨西哥，結果被搶購一空。

范先生不斷擴大生產規模，運用新的設備和技術，原本是沒沒無聞的小店成長為赫赫有名的大企業，由於他的公司產品質量上乘，服務一流，中國式春捲聲名大噪。

許多從商者渴望自己能做大宗買賣，賺大錢，但那畢竟也是資金雄厚者的專利，底子薄的人是可望而不可及的。其實，小生意可以帶來高利潤，小東西一樣可以賺大錢。范先生就是慧眼獨具，靠小春捲白手起家，成了大富翁。

49 快樂的DIY

獨一無二的事物在什麼時候、什麼地方都是常勝將軍。

時代在變化，「流汗產業」已經到來。所謂「流汗產業」，是指服務行業盡量讓顧客去活動，商家卻可在此過程中賺錢。例如在日本，有人居然在麥當勞漢堡店裡設置游泳池，為的是讓客人在進餐前先活動活動。

「流汗產業」的時代是否已經到來尚難定論，不過，現代人多了些「參與意識」卻是確實的。現在不論什麼事情，人們都喜歡親自嘗試一下，體驗一番。以前人們大多喜歡聽別人唱歌，而今卡拉ＯＫ已經流行了，人們覺得自己唱更過癮一些。不論是流行歌曲還是民歌，誰不會對著伴唱機唱上三、五首？以前人們只看別人在舞台上跳舞，現在則喜歡上舞廳「自己」跳。什麼街舞、交際舞……年輕人跳，中老年人也在跳。

「流汗產業」之所以興旺，是因為該產業對於商家的老闆來說，既省錢，又省事。

＊

「親手做，自己嘗，有得吃，有得玩」，這是香港一家麵包店的廣告詞。這家麵包店開在沙田新城市廣場，與眾不同的是：這家麵包店由顧客自己動手，自「做」自「受」。每位顧客只需付十二元的港幣，就可以參加這種像扮家家酒一樣的遊戲了。當麵包師把原料調好以後，分給每位顧客，由顧客隨意把麵捏成各式各樣的形狀，當場烤製。在這裡，顧客與商家的老闆一個願打一個願挨，各盡所能，各得其樂。顧客為老闆打了工，但老闆不必付工錢；顧客花了錢，高高興興地玩了「做麵包」的遊戲，且填飽了肚子。老闆除了提供做麵包的材料外，只管收錢，當起了名符其實的「甩手掌櫃」。當顧客親手做的熱呼呼、香噴噴的麵包出籠後，他們興高采烈，趁熱吃下，歡聲笑語，蕩漾其間。這家麵包店因此生意興隆。

＊

中國某個城市裡有一家名叫「西部牛仔燒烤」的快餐店，規模不小，生意好得驚人。原因在哪裡呢？這也是一家商家的老闆「袖手旁觀」，顧客自「做」自

「受」的自助式快餐店，幾十張餐桌，每張桌上都設置了燒烤爐和火鍋；洗淨切好的食材，由顧客自己端著盤子一一取來；烹飪亦由顧客親自主理，油鹽醬醋要由顧客親手添加。老闆甚至還給每位顧客準備了一件圍裙。在這裡，人人都是向老闆繳費的顧客，人人也都是為老闆免費打工的廚師兼跑堂。

這家自助式的快餐店，每日食客雲集，常常到了晚上八點鐘，仍有不少渴望「自食其力」的顧客在等待空位。

做生意不光是讓顧客被動地接受，若能讓顧客主動地接納，更是高招！

50 用點子創造財富

點子就是智慧的結晶，它是一種高智商的產物。有了它，發明家才能創造出驕人的豐碩成果。所以點子不僅是智慧更是財富。

現今是高科技迅速發展的時代，各行各業都需要這樣的人才，甚至包括打工的行列。因為這樣，我們的社會才會更加輝煌燦爛。

點子是什麼？是主意，是辦法，是腦子裡看不見、摸不著的東西。

「點子也能賣錢，」有人這樣說。「點子不出力，不出汗，能賣錢嗎？」當然能。中國北京的何陽就是靠賣點子，從二百八十元退休金起家，僅三年時間，就辦成了擁有數百萬元資產的「點子公司」。

東北有一家工廠為日本生產免洗筷子，一箱五千雙卻只賣九十元人民幣，價格幾乎與木料差不多，沒什麼賺頭。但是不接這案子還不行，畢竟這個工廠還養著工人，不做就沒飯吃。何陽幫筷子工廠出了個點子：在筷子上分別印上日文表示「星期一、星期二……」的文字，今天是星期幾，就相對的用印著星期幾的筷子；而且有的筷子還印著「母親節」、「父親節」的字樣，在節日的當天便將這種筷子放在飯盒上。

日本商社職員的工作很緊張，整日像機器一樣運轉，許多人忙碌得忘記了「今天是星期幾？」中午，快餐店送來盒飯，看到筷子上印著日期，使人感到既新穎、又有趣味。只因多印了幾個字，就使一箱筷子從原價九十元人民幣，一下漲到了三百元。這種筷子出口到日本後，立即引起了轟動，何陽也得到了大筆的出「點子」費用。

*

某次為了拓寬馬路，北京朝陽區文化宮有一百戶居民需要拆遷，根據當時的市場行情和慣例，每拆遷一戶需二十萬元拆遷費。一百戶共需拆遷費二千萬元，可是主管部門卻只撥了一千四百萬元拆遷費。假如這是一道小學算術題，我們可以這樣列算式解答：20萬×100戶－1400萬元＝600萬元，答：要想拆遷一百戶，就意謂著還差六百萬元。

對於這個答案，老師應該會打滿分吧？但這是擺在人們面前的一道現實習題。這讓負責拆遷的公司老總傷透了腦筋，真的是巧婦難為無米之炊呀！

且看何陽如何解這道難題：

何陽請負責拆遷的單位在北京郊區買了一百套商品房，此地因距市區十五公里，交通不甚方便，故每套售價僅二萬元。然後又以每輛四萬元的價格，買了一百輛小汽車，並註冊為出租車，送給拆遷戶每戶一輛。此車可以自己開，也可以包給他人，一切悉聽尊便。如此一來，拆遷戶住上了新房，又圓了汽車夢，個個皆大歡喜。何陽的點子列成算式解答為：1400 萬元－（2 萬元＋ 4 萬元）×100 戶＝ 800 萬元。答：拆遷一百戶還多出拆遷費八百萬元。

就這樣，何陽憑頭腦中的點子，僅用六百萬元就辦成了需要二千萬元才能辦成的事。

＊

還有一次，何陽為浙江金華火腿廠出點子，把延續了數百年的整隻火腿一起賣，改為罐頭小包裝，投入市場後供不應求，何陽獲得酬金十餘萬元人民幣。

除此之外，何陽還設計了一種新式垃圾桶，技術轉讓費累計達五十萬元人民幣。

就這樣，靠著賣點子，何陽成了百萬富翁！

現在我們應該相信點子神奇的力量了吧，點子出效益出神奇，點子能夠解決的問題，要多少人的勞動才能抵得上，這很難說。

51 動動腦，賺大錢

機會總是留給擁有聰明頭腦的人，例如那些在銷售中能巧妙地運用大腦的人。

一個擺冷飲攤的貧苦青年人，經過近三十年的奮鬥，竟擁有了大小餐館近四百家，員工三萬多人，年營業額在四億美元左右，這雖不是空前絕後的成就，但也絕不是大多數人能夠辦得到的。

創造這一奇蹟的是梅瑞特公司的創辦人約翰•梅瑞特，由他的幾個創業事例中，你也許可以發現不少「把生意做大」的訣竅。

一九二七年六月間，梅瑞特帶著他的新娘子來到華府，在這裡他與他的合夥人開起了一家冷飲店。事實上，這個店只是在一家麵包店裡占了一角而已，根本不能算是店，只不過是個冷飲攤，而且只賣汽水。

由於全球經濟衰退，沒多久，他們的冷飲店被迫關門。他的汽水店開在一家麵包店隔壁，來來往往的人很多，不管將來做什麼生意，都是很理想的位置。所以儘管關門歇業了，他還是照樣付房租，由此也可以看出他要做生意的決心。

這一天，正是晚上下班的時候，隔壁麵包店的生意特別好。受此啟發，他與愛妻決定開一家快餐店。他推出的熱食品，有辣椒紅豆、墨西哥薄餅、夾烤肉三明治等。從他們所學的製法來說，的確稱得上是「秘方」，再加上梅瑞特用標語式的字句一渲染，就更顯得奇妙無比了，這正迎合了美國人好新奇的心理。

此外，他還以強調「熱」來表現特色。他煮了一大鍋玉米湯，掀鍋蓋去盛時，熱氣就從鍋裡湧出來，繚繞在店面上空，給人一種熱氣騰騰的感覺。尤其在冬天，這一情景特別吸引人。同時，這種小店的爐灶跟店面是連在一起的，他把爐灶做成白色的，他的太太則穿著時髦的衣服，圍了條白色圍裙，站在爐邊烤肉，這真是一幅很美的圖畫。在夫婦兩人齊心合力的經營下，小吃店的生意忙了起來，大有應接不暇之勢。

懷有雄才大略的梅瑞特，一看發展的時機來臨，立即著手準備擴展的計劃。先由太太親自主持訓練廚師，他自己則一有空閒就到外面去勘察地點，以備將來增設分店。

這時候，美國仍在不大景氣的陰霾籠罩下，豪華的餐廳一家接一家倒閉，這種大眾化的小吃店，卻成為飲食業的一枝獨秀，再加上梅瑞特夫婦經營的小吃店別具特色，生意就更加興隆了。到一九三二年，梅瑞特公司所屬的小吃店已增加到七家。

52 奇思怪想巧發財

一些合理的奇思怪想，可以迎合人們的某種心理，或是滿足某種社會需要，從而成為你生財的路子。

在比利時首都布魯塞爾市中心，有間舉世無雙的酒吧——棺材酒吧。只要你走進這個酒吧，便會不由自主的恐懼起來。

「棺材酒吧」的入口處，有一條貼著黑和金黃兩種顏色紙的狹長通道，店裡擺著許多棺材，酒櫃也是由三副棺材充當的，店裡四周的牆壁上還掛著花圈，使人一見真不敢相信這是酒吧，倒認為是靈堂。此外，這間酒吧在營業時，還打著暗淡陰沉的紫色和綠色燈光，奏著淒涼的哀樂，真使人毛骨悚然。

按理講，這種令人恐懼萬分的酒吧，必定會門可羅雀乏人問津了，但實際上這個酒吧卻客似雲湧，生意興隆，不少人在好奇心的驅使下，不遠萬里到此一飲為快。

酒吧老闆為了迎合人們的好奇心理，竟將酒具製成骷髏狀，並且把調製的二十幾種雞尾酒分別取名為「吸血鬼之吻」、「魔鬼」、「殭屍」……等。

更為有趣的是，由於這間「棺材酒吧」經常顧客盈門，座無虛席，一些遲到者竟鑽到棺材裡，開懷暢飲。

＊

中國福州一家賓館利用人們對侏儒的好奇心，採取了「武大郎開店——高的不要進來」的方式，開了中國第一間侏儒酒吧。

經過自願報名，從為數不少的侏儒中錄用了六個，讓他們做服務員，同時表演節目。消息傳出，該賓館頓時門庭若市。

無獨有偶，美國有個身高僅有一點零九米的矮個子叫吉姆•特納，也是以這種思路，在菲律賓首都馬尼拉開了一家餐館，一年的純收入達到二十萬美元。

＊

現在中國社會經濟快速發展，產生了許多的富翁，為了生意上的需要，也為了使自己的人身財產有保障，免受危險，便要雇請保全，保全業因此產生並得以興隆。按一般的看法，保全人員應是人高馬大，武藝高強的男子漢，但有人突發奇想，何不開個女保全公司呢？因為不少女老闆從工作、生活上考慮，女保全人員更為便利。於是在中國南京誕生了第一家「女保全公司」，結果大受歡迎，在滿足社會需要的同時，也獲得了很好的經濟效益。

除此之外，肯定還有許多可以廣開財源的奇思怪想等著你去琢磨、去發現，從中你將會獲利匪淺。

53 創新與冒險

卡赫利法是巴林著名商業家族卡西比的後代。他投身商界的時候，家族產業已經分崩離析。他既沒有任何資本，也無法依靠家族力量，因而他決定走一條創新之路。他貸款前往沙特西部的吉達港，從事食品進口，從埃及購進，再轉賣給沙特軍方。當他一九六〇年返回東部地區時，已經小有積蓄，雄心勃勃，準備大顯身手。

卡赫利法對傳統行業不感興趣，始終希望開創新興項目。他看中了冷凍食品，因為這是一個在炎熱的阿拉伯半島極具市場潛力的項目。他在美孚石油公司所在地的近旁開辦了中東第一家冷凍食品店，出售冷飲和速凍袋裝食品，起初美孚石油公司是阿拉伯半島惟一的市場，漸漸地阿拉伯消費者也迷上了這種食品，等到阿拉伯冷凍食品市場初步形成時，卡赫利法已經獨占鰲頭。

卡赫利法在經營上追求超前意識和開拓精神，一旦新興行業成為「一窩蜂」的時髦態勢時，他就果斷跳出來，重新開闢天地，始終保持創業的銳氣和闖勁。一九六三年，他決定開創海鮮貿易。經過細緻的可行性調查論證，他向美孚公司的地方工業發展部貸款，開辦了一家漁業公司。五年之內，他成為波斯灣地區頭號「漁霸」。一九六八年，卡赫利法擁有十六條拖網漁船，漁業產值高達五百萬美元，絕大多數海鮮打上「海帆」的商標出口美國。隨後，科威特、巴林、伊朗等國商人紛紛嗅到魚腥，「下海」捕魚，一時間，過量捕魚導致波斯灣魚蝦資源銳減，眾多漁業公司在經歷了高潮之後先後破產，而卡赫利法此時早已金蟬脫殼，跳出窮途末路的漁業，開闢方興未艾的建材業。

一九七〇年以後，卡赫利法集中精力經營混凝土磚塊生產廠，隨著沙特房地產業的迅猛發展，這種高強度的磚塊成為熱銷貨，供不應求。緊接著，他又開發礦泉水市場。在中東，飲用水短缺一直是困擾人們的一大難題，卡赫利法看準這一市場，終於旗開得勝。

卡赫利法在阿拉伯商業圈，人們對他表現出的機智和膽識廣為讚賞，人們戲稱他是「財神」：他走到哪裡，哪個行業就興盛，一旦離開，這個行業必然行將衰敗。

54 獨門絕招致富術

義大利的卡賽尼（Cussina）家具，在海外聲譽日隆。它就像汽車中的勞斯萊斯一樣，已被人們認定為世界第一流的產品。

卡賽尼的獨門絕招，是以精細的手工仿製世界名師設計的家具款式。該廠所蒐羅的名牌產品的款式，由十九世紀直至近代，應有盡有。除了不惜重金收購「原裝」樣品外，還千方百計把博物館、藝術館收藏的展品圖紙弄來複製。因此，該廠出產的家具，件件都是珍品，有的甚至還有一定的文物價值。

與一般家具比較而言，卡賽尼的確有其明顯的特點，因為它仿製的名家作品，每一件都依照人體形態設計，從力學原理出發，準確計算每一點支撐力量，令人在使用時感到無比舒適。同時，在材料應用、顏色調配等方面都非常講究，外表也頗為美觀，因此，無論在實用性或藝術性方面，它都獲得好評。在這些家具珍品中，就有十九世紀名家 Mackitosh 所設計的一張安樂椅。由於椅子蘊藏著不少精心構思，售價高達一萬九千九百一十美元。據說有不少工商鉅子，就是躺在這把舒適無比的臥椅上，策劃出商業奇謀，經營制勝的。

現在，卡賽尼已被譽為「家具之王」，他的家具已獲得一般家具所沒有的殊遇，可以像藝術品那樣保值。該廠每年在四月和九月，都會針對一些暢銷品種調整價格，有些家具升價幅度達百分之二十，以致在數年前售價僅為數千美元的暢銷椅，如今要花費逾萬美元才能買到。

綜上所述，卡賽尼的獨門絕招就是以精細手工來發大財。

＊

義大利「美而奇」酒店的經紀人愛德華・摩爾斯福，他有自己獨特的經營術。雖然希望生意興隆，但對那些嗜酒如命的人是極不讚賞的。他提出要將自己的酒店變成不出一個醉漢的酒店，而又能吸引好酒者。「美而奇」酒店的門標上寫道：「本酒店叫『美而奇』，『美』在顧客感到飲料、食物美不盡言，『奇』在顧客整天在本店飲酒，不會中毒，也不會醉倒，因此，本店規定，設酒的範圍分一小時飲、二小時飲、四小時飲、六小時飲、整天飲（以一天十小時為準）五種，每種飲什麼酒，飲多少，都由本店配合其他飲料交叉安排，顧客請不要指責。有意者請入內，本店熱忱歡迎光臨！」

原來，該酒店的每一種酒，真正的酒料很少，大部分的酒都配有其他飲料，而各種蔬菜、菜餚、點心、特色小吃，類型多而味道奇。到這裡來飲酒的顧客，反而被眾多味美的食物吸引住而忘了多喝酒了。以一小時為例，每位顧客飲到的酒不下十大杯，但其中真正的酒料，只有一杯高級啤酒的容量。至於去那裡整天飲的酒客，每人的酒料也最多是四杯威士忌，而且飲酒時間間隔很長，因而也不會醉倒。

「美而奇」酒店這一招，引來賓客如雲，生意好極了。

55 特色酒吧

你見過這樣的酒吧女郎嗎？她們個個「荷槍實彈」地為顧客斟酒，並用喉音發出「骨碌、骨碌」的飲酒聲。這並非哪個「山大王」的酒吧，而是美國紐約市第二十一街的卡迪萊克酒吧的迎客新招。

其實，這些女子的子彈皮帶上掛著的僅僅只是一個小酒杯，那手槍皮盒裡放的是一瓶烈酒和一罐七喜汽水。哪位顧客想欣賞她們的「槍法」，只是花四美元和喊一聲「斟酒」就能如願。「荷槍實彈」的女郎會立即到前面，用快捷的手勢為顧客「發射」一杯，還發出「骨碌、骨碌」的飲酒聲音助興。

除了酒吧女郎待客的斟酒方式特別粗野之外，那裡的裝飾也配合同一格調，樓梯的牆上放滿骷髏和牛皮鞭，裝飾的植物是帶刺的仙人掌，樓頂是用特別的啤酒桶裝嵌的，四周的牆壁可讓顧客肆意地塗畫，酒吧甚至還提供「號碼筆」，請心情苦悶的酒客大筆揮毫。這間酒吧雖然才做了四個月的生意，然而每晚卻有二千多人次光臨。

這家酒吧的做法，也招來不少非議，但他們有自己的經營原則：嚴禁二十四歲以下的青年進入。不過有人認為這樣的酒吧不會有太長的壽命，只要顧客玩膩了就不會再來。然而酒吧的老闆卻認為：這種供酒方式不是一時的玩意，而是一種現代人發洩情感的地方。可見，他的經營手法也是秉持著獨特觀點的。

56 關於自然美

在大都市，一般商店都很注重裝飾門面，櫥窗、櫃台也不例外。當你在街上毫無目的地漫步時，金碧輝煌或素裝淡雅的門面，必然引起你的注意。走了進去，透亮明淨的櫥窗上擺滿了各色商品，琳琅滿目；櫃台裡整潔有序的貨物，目不暇接。在這樣的環境下選購商品，不但使心理得到滿足，而且還有一種難以言表的愉悅。

不止環境，商場貨物擺放如何，也對於產品推銷關係極大。國外超級市場一般都設計多條長長的購物通道，避免設捷徑通往收款處和出口。目的是讓顧客必須從長長的貨架旁邊經過，這樣邊走邊看，很可能看中本來不打算買的一些商品。大多數人慣用右手，喜歡拿取右邊的東西，為此，超級市場的一般做法是將利潤較高的物品陳列在右邊。另外，商品的一般擺放都是在和顧客眼睛平行的位置，據有關調查認為，這樣擺放能使同一類商品銷量增加百分之七十。

外表裝飾的恰到好處，就能遠遠地吸引人；內部擺設的合理，就能促進商品銷售。在國外是這樣，在中國也越來越重視。有一家百貨公司，牌子老、客戶少，有一段時間大型的百貨公司顧客還沒有營業員多。老闆發現後，一下子領悟過來。於是撥了一百多萬進行了裝修，裡裡外外、上上下下來個大改觀，結果營業額增長了三倍。有人說三分姿色七分裝，七分姿色不用裝，這話對人來說有一定道理，因為他所強調的是自然美。隨著時代的變遷和社會的進步，單純的自然美已經不能滿足人們的要求，人們無時無刻不在追求美，在美的環境下用餐，在美的歌聲中消除疲勞，在美的商店裡購買商品。所以，無論是人，還是商店，都應該認真進行外表裝飾，只有這樣才能促進商品銷售。

57 唯有獨一無二，才能抓得住顧客

日本東京有一家Weekends服飾店，吸引不少中學生，特別是日本鄉下的女中學生，每次到東京見習旅行時，都非到這家服飾店不可。有的甚至回去後，還會寄一封感謝信給該店，她們說：「到貴店購物，是我生活中的一大樂趣。」Weekends服飾店究竟有何魅力，能使一批批女學生們著迷呢？

該店老闆近藤伸夫的一番話揭開了這個疑問的答案：「我們製作了獨一無二的裝飾品。」因此，在百貨店、專賣店裡找不到的別針、項鍊、縫製玩具等等，到了Weekends一定可以得到令人滿意的答覆。為了配合中學生的購買熱潮，該店的購買旺季也因此集中在學校放假的三、八、十二月。

該店自一九八二年開業以來，生產的主要是狗、熊、天使、花等四種個性化商品，而且每次生產設計，都稍作變化。譬如原本橫躺的狗，加上鞋子作為裝飾，而這種構想都是經過縝密的計劃，絕非一時的靈感，而且每一種商品僅出售約二千件，每一項產品賣完之後，絕不追加生產。在Weekends常發生這樣的事：母女倆到該店選購，當女兒看中一樣商品，百般乞求母親能夠買下它，而母親竟然也如發現新大陸般的喜悅，脫口而出：「我也要！」由此可以看出Weekends的魅力所在。

58 五糧液魔法顯神威

坐落在中國南京夫子廟的聚星商場，一直都不太受人注意。後來商場總經理聽說五糧液（一種酒名）酒廠裡有絕世之作：請了民間老藝人，用神秘高超的工藝，將五糧液的商標刻在酒瓶中央的晶體上。當時只製得兩瓶，老人雙眼就瞎了。這兩瓶就成了絕世之作，十分貴重，有重大收藏價值。

商場總經理聞訊，想高價買一瓶，但五糧液酒廠不肯賣。後來他費盡周折租到了一瓶，趁五糧液的轟動效應還沒有過去，立即擺到自己的商場顯眼的位置上。

此酒是三千毫升，相當於六瓶普通瓶裝五糧液。商場總經理標價一萬元，此舉引來了無數顧客。有慕名而來的，有想一睹風采的。議購價一翻再翻，最後有人願意出五萬元。但總經理仍然不賣。有的出手闊綽的買家臨走時還氣憤地聲稱要上法院去告狀：標了一萬元的價格，有人出錢卻不賣。聚星商場因擺了這舉世聞名的酒瓶而成為遠近聞名的商場，每天人來人往，銷售額在一個月內增加了幾百萬元。

59 米老鼠專賣店內的風景線

米老鼠童裝專賣店的一件運動服索價二萬日元，可依然暢銷。其營業額突破了兩百億日元，五年來，資產已增長了五十二點七倍，分銷店超過了一百二十多家。

米老鼠憑什麼又貴又暢銷呢？聘請女大學生賣童裝促銷是他們的絕招。

十年前，米老鼠以高薪網羅了大學畢業生，藉著她們的文化涵養，在將傳統的服務人員塑造為服裝顧問的同時，也建立起了米老鼠的新形象。如今，該店裡的服務生是清一色的大學畢業生，已成為米老鼠專賣店的特色服務，深受顧客青睞。

米老鼠童裝店在其入口處擺有舒適的沙發椅，整體陳列給人的感覺是寬、純、雅。店內陳設的衣服，都是相當簡單的剪裁，衣料也是單一色調的設計；孩童專賣店的衣服，也不以種類多樣化取勝，一些玩具等小東西倒是琳琅滿目。店經理木村祥子指出：「展出玩具是為了小孩子們來到店時，能夠滿心喜歡。」

十數年前，米老鼠童裝店的老闆木村皓一白手起家。當初他採取了兩大戰略：

一是借電視等媒體，大打廣告宣傳戰，使顧客對米老鼠有了極深刻的印象。接著提高品質，使米老鼠成為名牌而且是信譽良好的商品。如今在米老鼠的兩百億日元的營業額中，禮物的銷售就占了一半。此外，面對同行的競爭更是採取了個性化的商品設計。在包裝上，也不惜成本，極盡精緻完美。難怪有顧客稱讚說，光買米老鼠的包裝，就十分值得。

到「米老鼠」商店光顧的顧客，既買了合意的商品，又飽覽了風景線，一舉兩得，何樂而不為呢？

60 現金交易，百年如一

美國人R・P・麥西於一八五四年創立了麥西百貨店。百年後，高達三十層的麥西大樓矗立在紐約的中心地帶，包括新大廈與舊樓的建築面積，有二百一十五萬七千三百多平方尺，不論是在營業額方面，還是在規模上都不愧為全世界最大的百貨店。

麥西大樓中設有一百六十八個販賣市場，陳列的商品種類有五百萬種以上。它的方針是：「顧客所想要的任何商品，本店必定能夠供給。」身為百貨大王的麥西，在促銷的基本政策方面，有著大膽的、獨特的風格，它曾在報刊上登出下列三點：

「本店的一切商品，全是用現金買進來的。」

「本店所有的商品，全部以現金出售。」

「本店採取不二價制度，所有商品的價錢全部寫明在商品上，除破損商品以外，絕不打折扣。」

麥西把以上三點作為「本店的三大方針」，公開做宣傳。同時不惜篇幅地詳細說明，為什麼拿這些作為三大方針以及怎樣才能確實做到的道理。

他說：「本店由於是用現金購物，每天從紐約、舊金山、波士頓等地進貨，所以能夠購進比一般市價低的商品。由於現金買賣，本店的帳簿上絕無惡意的負債，並且不必讓顧客多付出一分錢，所以本店可以提供價廉物美的商品。

「因為本店採取標價和不二價制度，所以不論是幼童還是老人，也能像精明的內行商人一樣，買到貨真價實的商品。本店堅持上述三大方針，藉以向愛護本店的顧客們表示衷心的謝意。」

「本店務求不斷改進，努力為大家服務，以達到讓各位滿意的程度。」

「購入或售出，一切用現金」這條促銷原則，可以說是真正支持麥西百貨店百年不衰的最大支柱。

現金第一，言不二價，麥西對於家族或親友，也一視同仁，做到信用可靠，童叟無欺。年復一年地實施下去，使得麥西百貨店的形象，深植於消費者的心目中。

【第六篇】

以客為尊，商機蓬勃

61 創新服務，貼心顧客

日本的寺田千代乃決定成立一家搬家公司來挽救丈夫的貨運公司，在一般人看來，搬家業只是一種的苦力勞動，不可能有太大的出息。而寺田千代乃卻不顧一切，決心闖出一條搬家的新路子，她把自己的公司定名為「藝術搬家公司」。

「藝術搬家公司」的經營秘訣實際上就是盡量擴大服務的深度和廣度。例如它在為顧客服務的時候，不僅為他們搬運行李，還免費提供家具除蟲服務、新居的清潔工作、代替遷者向舊鄰居問好等。顧客反映說：「他們很細心照顧我們的家具，而且很方便周到。」

寺田千代乃憑靠非凡的勇氣，衝破傳統觀念的偏見，終於闖出一條成功之路。如今，她的「藝術搬家公司」在日本各地已設立了五十五個辦事處，另有五個海外機構，生意越做越大。藝術搬家公司為顧客搬家考慮這樣周到，能受歡迎自然在情理之中。

＊

亞洲首富李嘉誠原籍廣東潮安，家境清貧，十三歲就輟學從商。起初，李嘉誠在香港當玩具推銷員，經過幾年努力，積累了一筆錢，在二十二歲那年自己開了一個塑料廠，生產玩具和家庭用品。二〇世紀五〇年代中後期，歐美市場興起塑膠花熱潮，一九五七年，李嘉誠的長江實業公司也大量生產塑膠花，發了大財。五〇年代末，香港經濟正在「起飛」，李嘉誠看準了香港將有大發展，經營地產業一定可賺大錢，便抓住時機，改變長江實業公司的經營方向，開始從事地產業，事業蒸蒸日上，到六〇年代，他已成為香港首屈一指的房地產商。一九七二年在香港股市熱潮中，長江實業公司的股票趁機上市，又擴大了資本，發展了公司的業務。

成為鉅富後，李嘉誠以其雄厚的資本，不僅投資地產業，而且投資其他領域，一九八〇年，他與美國凱沙水泥公司合辦「中國水泥公司」，此外，他還投資金融業、酒店業和其他產業，李嘉誠秉持不斷創新的精神，以及適應市場變化的多元化經營，為事業發展提供了最可靠的保障。

62 跟著顧客走

經營那些在外形上差異極微的商品，商品質量的好壞、經營者的觀念與做法，是決定生意興衰的關鍵。

台灣華泰茶莊的負責人林先生說，他們世世代代經營茶行，到他這一輩已是第五代了，他不只是繼承祖業，更致力於服務品質的改進。

對他們而言，推銷優質的茶葉固然重要，但是，如何適應各地人士不同的口味，更是其長遠發展計劃的主攻內容。

對外行顧客而言，茶葉質地的好壞，並不是從外形即可一下分辨得出的。有的茶葉色澤青翠，煞是好看，沖泡之後，味道卻極清淡；也有外形並不怎麼好看的茶葉，沖泡之後卻又香又醇厚。那麼顧客又如何得知其中區別呢？林秀峰說，這主要是基於商業信譽的踏實做法。因此，凡有新顧客上門，他總要以親切的口吻詢問對方喜愛的口味，即使是不懂茶葉類別的顧客，他也會先不厭其煩地詢問對方的口味，或是哪一地區的人士，然後再選擇合適的茶葉。

茶葉的經營，一向沒有「講價」的情形。那麼怎樣才能使顧客心甘情願地掏腰包購買，而沒有吃虧上當的感覺？這位懂得顧客心理的經營者認為，由於茶葉的出售，多半是論斤論兩地賣，所以服務人員可在過秤時，逐量添加，而不要一次添多，再一次次舀減；縱使實在重過許多，而需舀時，要一次舀起較多，再略放一些，直到夠量為止。這樣一來，顧客會有一種東西夠斤兩的感覺，而不致有你在減少他的東西的錯覺。

因品茗的癖好因人而異，他總力求使服務人員除了親切招待上門新顧客外，更要熟記老顧客的喜好及所需份量，做種種最周到的服務。

便利顧客，就要細心揣摩顧客心理。他說，通常的老顧客，所喜愛茶葉的種類、等級，購買數量多為固定，所以當服務人員能夠熟記後，只要顧客一上門，不用開口，就把一盒包裝完整的茶葉交到他手中時，將是多麼令他驚異和感動的事情呀！久之，除非他習慣改變，否則，將一直會是長久的顧客呢！

常有許多顧客在路過華泰茶莊時，想買些茶葉自己品茗或送禮，其中不少人是搭計程車前來的。有時，為節省時間，客人並不下車，而等在車中。該茶莊的服務人員除了將以最快的速度把茶葉包裝好外，若是客人買茶葉，而是以大鈔付錢時，服務人員也會事先準備好找零，免得再回頭找錢，浪費顧客的寶貴時間。

雖然這只是一些細枝末節，但是華泰茶莊處處以顧客方便為第一的做法，由此可見一斑。

當顧客上門時，總會先享受到一杯香醇的佳茗，這其中也有奧秘。

這杯茶水不僅增加了顧客對公司的親切感，也常由它促進了雙方的感情，交流彼此對茶葉的研究心得；再者，有許多顧客在買了原先準備購買的茶葉後，喝了這杯香濃甘潤的茶水，也會浮起嘗試的念頭，而買回去品茗。若是覺得合乎口味，以後也許會成為這種茶的愛好者，成為回頭客。

誰能小看這杯茶的功用呢？

63 以客為尊

何以「改大為小」呢？其實這並非商家想要的。那麼，究竟是什麼原因造成的，也許是金錢，也許是策略，但無論是哪種情況，最終無非是想多掙幾個銅板。

建材生意一般都是大宗買賣。這對一些想做居家小裝修的顧客來說很不方便。有些建材店家考慮到這一點，從方便顧客、為顧客服務的原則出發，把建材拆整賣零，受到消費者的歡迎，也因此擴大了銷售。

如中國上海市許多居民講究房屋室內裝修，鑲瓷磚、鋪馬賽克，在抹縫時需要用少許白水泥。可建材商店的白水泥都是二十五公斤裝的，顧客買回家用不完，剩下的絕大部分經風吹雨淋成了塊狀，最後只好扔掉。上海一些建材商店看到這種情況，採取了相應措施，改原來的大袋裝為五公斤小袋裝，每袋僅售一塊七五元人民幣，大受消費者歡迎。

再如山東棲霞縣，群眾自己製作洗臉架、門框、窗框等小木件，想買些零星油漆，一般買不到。棲霞縣某五金交化門市部為消費者著想，把不同顏色的大桶油漆拆整零賣，消費者要多少就給稱多少。廣大用戶聞訊後，紛紛湧進門市部購買，稱讚這種零星出售的辦法好。

再如北京北某油漆商店，他們把經營的銀粉、刷牆用的火鹼、草酸、石膏、大白粉、油漆等等，凡能分裝的，都拆開分裝賣。另外，居民自己做家具，少不了雙氧水，但用量又不多，工廠出廠又都是三十五公斤一桶。因為雙氧水腐蝕性強，氣味難聞，多數商店不願拆整賣零。該店為了占領這個市場，分裝成五百公克一瓶，售二塊二元人民幣，一上櫃台，便大受歡迎，供不應求，許多顧客慕名遠道而來。

就建材市場而言，零售的利潤表面看較小，但由於散客戶眾多，因此點滴之水終將匯成浩蕩的江河。

以顧客需求為導向，應該始終是生意策劃的目標。

64 小布店拋「傘」引「玉」

日本有家越後屋布店，經營各類紡織品，店面不大，資本不厚，生意也一般，這毫無起色的生意狀況讓店主人心裡頗為焦急。

有次下雨，一些人急急奔到布店來躲雨，店主忙叫店員把店裡的幾把雨傘借給躲雨人。雖然不少人仍然沒有傘，但大家都對越後屋產生了好感。雨後，店主人叫人買了一大批雨傘，還工工整整地寫上「越後屋布店」的字樣。以後下雨，來布店避雨的人都可以借到一把雨傘。

說來也怪，布店的生意居然漸漸興隆起來。幾年以後，布店變成了三屋百貨公司，店主成了董事長。店主儘管財大了，氣卻不粗，仍不怕麻煩，公司中還是備有雨傘，下雨天可以借去用。

這店主借傘之舉是否自找麻煩，多此一舉？借傘還傘，確實很麻煩，但是，它卻對企業發展起了良好的作用：

⑴雨傘讓人留下一個良好的企業形象。人們會想，肯借傘給別人的商店不可能是只知道賺錢坑害顧客的商店，這樣的商店比較信得過。顧客有了這種心理，生意自然會興隆起來。

⑵越後屋利用借傘之舉，幫自己的企業做了活廣告。下雨的時候，人們撐著寫有越後屋字樣的雨傘穿街走巷，它使布店名聲傳揚。

⑶借傘、還傘建立了商店與顧客的互動關係，人們進店借傘還傘，就會看到商店的櫥窗、廣告、商品，就會產生購買欲。

65 因為用「心」，所以貼心

小王最近喜遷新居，本來是件好事，可是居室內家具擺放、樣式，卻使他為難了起來。儘管北京現在三天兩頭滿大街全是家具展銷訂貨會。可那展廳裡的組合櫃、寫字檯、沙發等等好像全是一個模子刻出來的。組合櫃又高又厚，就像一堵牆，一點變化都沒有，沒有個性，一點兒也不貼心。自己買木料找安徽小木匠做吧，操心的事一大堆，更不知道這些小木匠的手藝如何？做出來的品質怎麼樣。

聽朋友介紹，北京市百聯家具技術開發服務中心可為顧客訂做家具，並且設計新穎，充滿個性。於是，小王來到座落在鼓樓東大街的百聯銷售廳。這裡擺滿了各式各樣的家具：有新潮的家庭酒吧桌、古色古香的仿紅木桌椅，造型簡潔的日式書櫥。組合家具的設計更是別出心裁。最方便顧客的是百聯服務中心還聘請了中央工藝美術學院、北京建築設計院、市家具協會等單位的二十多位專家、教授，為顧客提供家具諮詢和設計方面的服務。

在「百聯」的家具設計室裡，小王的種種想法、要求、心願都得到了實現。幾週以後，望著居室內根據專家擺放好的家具，朋友們讚不絕口，小王更是喜上眉梢。見了親朋好友一定邀請對方到他的新家去看一看，「別看百聯訂做這套家具比買展銷會的貴百分之二十，可是東西品質好，多稱人心」。

訂做家具和訂做衣服一樣，都要滿足顧客求好、求新的心理。百聯服務中心的做法就是從這方面求得與顧客心心相通。心通就能贏得顧客，就能生意興隆。開業僅一年多的時間，到「百聯」訂做家具的顧客絡繹不絕。

＊

現代人變懶了。然而從某一方面來講，也正因為如此，才可以創造出滾滾財源。人們懶得洗衣服，洗衣機才好賣；人們懶得走路，汽車才暢銷；人們懶得動彈，才有了優秀周到的服務行業。

近來，香港酒店業興起了一個新的服務項目——代客保管剩酒。也就是將顧客喝剩的酒保管起來，陳列在一個精緻的玻璃櫃內，使所有人都看得見，瓶頸上吊有一個製作精美的卡片，標明主人的身份。這個服務項目有什麼作用呢？它雖是一個小點子，卻有著驚人的效果！

顧客來買酒時說只能喝半斤，店員說沒關係，買一斤（一瓶）去喝，喝不完我們可以替你保管，你下次隨便什麼時候來喝都可以。顧客會為這種新穎的服務方式所感動，同時看到別人的酒放在那樣顯眼的玻璃櫃內，聯想到自己的酒配掛著象徵自己的精美卡片靜靜地等候，心底油然而升一種溫馨的滿足感。

當顧客離去時，店家會贈與一些小禮物，類似戒指、手錶一樣可以戴在手上，也有像胸飾品一樣掛在胸前的小禮物，這種小禮物用來證明顧客在店裡還保留一些酒。同時也起了重要的提示作用。顧客經常看到它，也就在提醒他該去喝酒了。

下次他來喝酒，肯定會首選這一家，不會跑到別處去了。

代客保管剩酒不只留住了回頭客，還賦予了不僅僅是商業性質的情感意義。代為保管後，顧客用餐時就有一種回家用餐的感覺。

後來，這套點子又發展成為代客保管碗碟。因為人們講究衛生，害怕傳染疾病，不喜歡用別人用過的碗、碟、筷子、刀叉等。飯館還實行對就餐次數多的顧客送一套餐具給他專用，以此來吸引他們常來用餐。

這些飯館既保證了顧客的就餐衛生，又對他們周到體貼，讓他們得到了被重視和被尊重的快樂。後來，他們都成了這些店家最忠實的顧客。

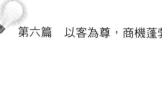

66 多點貼心，財源廣進

南京洪武路上有兩家小店：一家賣鞋，一家賣衣。論物品，兩家賣的都是款式新穎的時髦貨。但是曾幾何時，鞋店顧客盈門，而衣店卻門可羅雀。原因可能很多，但信譽不同卻是最重要的。請看：

一位顧客到鞋店買雙鞋，回去一穿嫌大，拿到店裡換，營業員熱情地幫他一起挑，但換了幾雙還是不合適。營業員說：「對不起，我們進貨不足，退款給你吧。」顧客退了貨高興地走了。她經常向人介紹：「買鞋到洪武路，百拿不厭，包退包換。」成了義務廣告員。

一位顧客到衣店買襯衫，說要身高一七二公分的人能穿的，營業員給挑了一件，哪知回去一試，小了，而且口袋還有毛病。她回到此店想換大件的卻沒有貨，便要求退貨，卻遭到一番鋪天蓋地、唇槍舌劍的攻擊。一個營業員說：「退貨！我們是從上海進的貨，能到上海去退嗎？」另一營業員說：「退貨可以，付手續費。」顧客說：「剛買的東西退貨還要付手續費？」第三個營業員說：「你買了火車票，火車開了能退票嗎？退火車票不要手續費嗎？」這樣的店，在顧客心目中留下怎樣的印象，自是不言可喻了。

表面上看，鞋店退了貨，少賺了一雙鞋的利潤，但是卻贏得了顧客的信任，於是顧客盈門，生意多了，賺回來的利潤遠不止退貨少賺的那幾文了；相反的，衣店不退貨，多賺了一件衣服的利潤，可生意漸漸少了，其損失也決不止不給退貨賺的那幾文。

67 一諾千金

對於經商者來說，時間就是生意，就是金錢，許多聰明的經營者就是因為做到了按時交貨而在客戶中樹立了良好的形象。

在一九八三年的春季中國出口商品交易會上，上海錦華玩具廠廠長樂大馨看到一位美國商人拿出了一隻長毛絨小狗，要求照樣子複製交貨。他問一位外銷員：「什麼時候可以交樣？」外銷員思索了一會兒說：「一個月吧。」美商立即收回樣品，回答說：「來不及了，我明天就要離開廣州了。」這時站在旁邊的樂大馨趕忙說：「這筆生意交給我們錦華玩具廠好了，明天上午十點鐘，我拿出複製樣品來。」美商感到疑慮，問：「你們的工廠遠在上海，明天上午拿出樣品，怎麼可能？」「我保證按時交出樣品！」樂廠長因胸有成竹而立刻答覆。

回到旅店，他和助手們立即忙起來，設計員剪圖紙、剪絨，製作人員趕忙操作，樂廠長忙著進行成本核算。一個通宵就這樣緊張的過去了。次日上午十點鐘，樂廠長帶著三件樣品準時出現在美商的面前。細看過樣品之後，美商讚不絕口：「沒想到你們這樣講信用，這樣神速，品質又這麼好，我完全可以放心了。」美商當即向錦華廠下訂六千隻玩具小狗，此後兩年，這位美商又向該廠買了十萬個玩具，成了廠裡的一大主顧。

68 因為顧客值得

在舊中國綢布業中，山東章丘孟家所經營的「八大祥」名聞全國，而在八大祥中，又以孟洛川所經營的「瑞蚨祥」位列八祥之首。其在舊中國南北發展成為擁有十六家分號，資本一百八十萬元，從業五百多人，壟斷京津布業的大型商業聯合企業，靠的就是他長期所倡導的「六如」商法。

一八六二年瑞蚨祥布店在濟南設立不久，太平軍北伐失敗，捻軍也被清軍驅散。在戰爭期間山東為兵家爭奪之地，十室九空，戰後農村經濟才開始恢復，稍有餘力者，娶媳嫁女，添置衣物，布業日趨活躍。瑞蚨祥眼明手快，抓住這一商機，搶先經營經久耐穿的章丘寨子布、河北灰寬布、上海茹通布供應市場，受到農家歡迎，一下子賺了不少錢。

長袖善舞，財豐善賈。瑞蚨祥賺錢發達後，孟洛川又把眼光瞄準了北京市場，籌劃在北京設瑞蚨祥布店。開業以後，他們抓住商機，專門經營綢緞布匹，天下名綾佳緞，湖綢廣紗、魯染蘇繡莫不盡力搜羅，使天下紡織名品集於一店，迎合名門望族的趨奢需求，一時名噪京華，使「穿到瑞蚨祥」成為京師上流社會富有的標誌。

在集權分層管理體制下，為了統一全局，聯絡名號，瑞蚨祥要求他的從業人員無論是逛遊藝市場或是公園，都要密切注意各界人士的衣著變化，分析市面流行色調和面料要求，尤其對領導服裝新潮流的戲劇、文學娛樂界更要特別注意，必需將所見所聞、分析結果回報。這種制度，使瑞蚨祥在經營上眼觀六路，耳聽八方，對瞬息萬變的京城市場情況反映靈活。既有宏觀上的集中指導，又有微觀上的互通情報，使企業在激烈的市場競爭中能夠進退自如、游刃有餘，獲得經營的主動權。

瑞蚨祥進貨很注意市場供需變化，一般大批貨除由上海早莊定期供應外，對關係到瑞蚨祥信譽的特優產品則實行包機定織，選坯自染。

新產品試製成功後，先將貨樣選送瑞蚨祥試銷，投石問路，觀察市場反應，如試賣良好，才開始批量生產。這套以銷定產，先試後賣的經營制度，使瑞蚨祥產銷對路，買賣掛鈎，減少了盲目性，並形成自己獨占市場的獨門貨。

為了獲得顧客好感，北京瑞蚨祥店堂設計古色古香、雕樑畫棟、金碧輝煌。裝飾貨架的幔帳一律大紅緞面綠綢緣，給人高雅華貴之感；櫃台桌布清一色的英國絲絨鋪成，樓上樓下均鋪地毯，落地無聲；家具亦精製而成，角燈、枱燈、宮燈交相輝映，冬裝暖氣，夏備電扇，一派豪華富麗氣象。這一設計迎合了「求名」的消費心理，達官巨賈、貴媛以進瑞蚨祥店為榮，尋常人家則以一顧增見識，成為很好的廣告。

售貨人員服務態度則非常禮貌，並掌握顧客心理，對農家則和悅，對貴人則文雅。每一個櫃台前還專設一個心明眼快、人靈話甜的「瞭望」人員，顧客進店時要笑臉相迎；顧客出門時要恭敬相送。夏季營業室備有電扇，樓上設有冰箱，對購貨多的顧客敬香煙、送西瓜。農村人家為兒女婚嫁，購貨時間長，到吃飯時還以茶飯招待，使之安心購買。這一套敬客的作法，使瑞蚨祥在人們心目中樹立了「店大不欺主顧」的好印象，譽滿京華。

69 最聰明的消費者

中國北京某裝飾材料市場突發奇想，在門楣上拉起「評選『最聰明的消費者』活動」的大紅招牌，許多路過的行人都忍不住停下來，拐進來，瞧上一眼。

活動本身很簡單，一進門先取張問券，問券上印的是考核消費者的權益意識、商品知識、市場見解等一系列問題，填好後，但這時你還沒有「消費行為」——等到進商場逛了一圈，買了東西，售貨員會在其上蓋章認可後投入大箱內，然後等著評委會打分，分出名次。

用「聰明」的概念來評價消費者，很有獨到的眼光。據市場的倪經理說，消費者的特點正好與售貨員相反——一個賺錢，一個花錢。評優秀售貨員，標準是看他的服務給商店帶來的有形無形的效益。在消費者這頭，說他聰明，是說他會花錢。首先，花錢花得巧，要掌握商品的品質、等級、行情；另一條，要會運用現代法規保護自己的權益；還有，對商場和工廠的經營、生產等能有一點建設性的意見。通過這三條，才能評比出購物人的聰明程度。

消費者的評比當然也不可能「一評定終身」。很簡單的一張書面問卷，也不能完全、充分地顯示出消費者的聰明水準。評比進行了一個月以後，交上較完整答案的消費者只有三百多人。

獲獎者的數量有限。但倪經理道出了他們的經營用心：商店做生意，總得告訴消費者我們是有誠意的，是可信賴的。與其評出一百個優秀售貨員，不如評出一個對我們有印象的「聰明消費者」更有說服力。

隨著「聰明消費者」的增多，必然導致該市場的名聲更大，利潤也隨之而來。消費者與經銷者，誰更聰明？

70 不厭其小，薄利多銷

中國有個農民人稱「花生米大王」，他經銷的花生米物美價廉，在當地頗有影響。這個二十幾歲的農民，是從身背一口袋花生米闖進武漢城，逐漸發達起來的。這個農民賣了這袋花生米之後，發現這東西在武漢城很好銷，但是賣花生米的人也不少。思來想去，他回去拿自己全部的資金購了幾千斤花生。運回武漢之後，他又發現如果像別人那樣經營，根本賠不起，因為一無店鋪二無資本。於是他讓這幾千斤花生只比收購價高出一點點就賣出了。他覺得這種方式很不錯，雖然賺得少了一些，但週轉得快，且總有些賺頭。於是他大膽購進十萬斤花生米運到武漢，然後毅然將零售價從每斤一點一元人民幣降到零點九五元。消息傳出後，消費者蜂擁前來購買，連一些大店鋪也爭相來他這裡進貨。從此，武漢的花生米價格也因此穩定下來。後來，他的花生米生意越做越大，終於形成了規模。

其實，薄利多銷這道理，人們很早就懂得。司馬遷就說過：「貪賈三之，廉賈五之。」意思是說，貪小的商人要價太高，不能做到當賣則賣，當買則買，所以得利少；而「廉賈」則不然，價格雖然低一點，但賣得多，銷路好，利雖小，但賺的反而多。俗話說：「三分毛利吃飽飯，七分毛利餓死人。」意即薄利多銷反而能賺大錢；反之，一口想吃成個大胖子，往往導致生意蕭條，產品滯銷。

「薄利」和「賺錢少」是兩個概念，有不少人把「薄利」等同於「賺錢少」。其實這是一種誤解。看起來，你從一個顧客身上賺的錢很少。可是，正因為這一個「少」，才招來更多的顧客，從而積少成多，把從每一個顧客身上賺得的很少的錢加起來，也就相當可觀了。因而利小也能賺大錢。

＊

中國的溫州有個青年，一九八五年初，他跑到甘肅一個貧困地區聯繫校徽胸針業務，跑了許多天都一事無成。原因何在呢？那兒太窮，兩角錢一枚的校徽，學生們一是買不起，二是沒有那個習慣。青年人有些心灰意冷了。這一天，他來到一個建在山麓上的村辦小學碰運氣，學校的老師很熱情，答應訂製一批校徽。說是一批，也就是十三枚，因為全校師生只有十三人，校徽每枚收費一角二分。他自知這是一筆賠錢的買賣，他猶豫了片刻，最終還是咬牙答應下來。

青年人迅速地到鄉郵電所花了三點零六元人民幣發了一個加急電報，請家裡在三日內趕製十三枚校徽寄到這所村辦學校。

開模具、製作、寄包裹，這十三枚校徽寄到這個小學時，僅成本就花了資七十多元。

幾個月之後，時逢鄉上舉辦中小學生運動會，這所山脊上的村辦小學的十二名學生和一名老師戴著亮閃閃的校徽走進了運動場。看著他們胸前引人注目的校徽，其他學校的學生羨慕得不得了，纏著自己的老師，要求戴校徽。後來由鄉里出面，為全鄉數千名小學生從青年人那兒訂製了漂亮的校徽。

受此影響，戴校徽之風刮遍了全縣。一年之後，包括鄰近縣的中小學學生幾乎都戴上了青年人代為訂製的校徽。他又趁機在甘肅繼續推廣校徽胸針，開拓出一片大市場，此後一年他從甘肅就有了十多萬元的穩定進帳。

＊

從「花生米大王」和這位溫州青年的例子可以看到，利小、物小照樣具有大市場。不厭其小、薄利多銷的指導思想，必須建立在具有發展潛力的市場基礎之上，小只是暫時的，大才是目的。小本生意的經營者，更應該對小商品小利潤給以更大的關注，勿以其小而忽視，只要適銷對路，一步一步往前走，小生意也會成為大氣候，小雪球也會滾成大雪球，小投入也會賺大錢。

71 薄利多銷賺大錢

一九八八年，香港銅鑼灣出現了第一間專賣湯水的連鎖店，稱為「阿二靚湯」，這間店舖一開業生意就十分興隆，現今已在尖沙咀、旺角等地區開設了分店，並還有不斷增加的趨勢。

曼哈頓集團的執行董事唐君棣指出，「阿二靚湯」店的建立，主要是來自一個靈感，因為看到香港的飲食業十分蓬勃，但卻沒有一間食品店專門經營廣東人十分喜愛的湯水。於是幾個朋友決定開辦第一間店鋪。

在管理策略上以中式食品為基礎，採用西式快餐店的經營方法，店鋪的面積不大，目的是希望增加每間店鋪的顧客流動量，以提高每天的營業額。目前，「阿二靚湯」的招牌菜式主要是例湯、燉湯及自製香妃雞。例湯與燉湯的區別在於前者都用大鍋煲煮，而後者則是一盅盅分開來燉。當然兩者的售價也不一樣，例湯每碗十二元港幣，而燉湯每盅二十八港元至一百港元不等，儘管這樣，很多客人還是不斷用電話預訂特製的燉湯。以銅鑼灣分店為例，週末及假日的日營業額可高達三萬二千元港幣，平日則可達二萬多元港幣。每月的營業額高達八十萬元港幣。這樣一個在常人眼裡的小生意，在有心人的經營下，卻創造出了這樣一大片廣闊的天地。

*

每天早上，中國廣東主要街頭吃早餐的人絡繹不絕。出門吃早餐的人大部分是「上班族」與中學生，也有趕早市的菜農和不願在家動手做早餐的老奶奶、老爺爺。早餐一般是以豆漿、油條、燒餅為主。早上七點多到八點半是吃早餐的尖峰期，一位正在一間早餐店買早餐的中年婦女說：「我一家四口每天早餐都是自行解決，在這裡喝碗豆漿，塞幾根油條下肚，省了我不少為做早餐而費的時間和腦筋。」這個店的豆漿、油條、燒餅都特別好吃，量也足，在市裡頗有名氣。店主樂呵呵地說：「生意不錯，每天到這裡吃早餐的有數百人，忙得團團轉。」他的油條零點三元一根，豆漿零點五元一碗，燒餅零點六元一個。顧客只要花上兩三元便可吃個滿意。楊老闆的街坊都說楊老闆經營有道，賺錢既多來路又正。

豆漿、油條是個本小利大的生意。當然經營此業也是極為辛苦的，但這也是沒

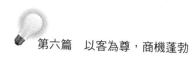

辦法的，因為吃得苦中苦，方能賺大錢。只要捨得吃苦，這行業就會給你帶來巨大的利潤。

如：有一位台灣商人，目前已擁有高雄一幢高樓大廈。此外還有一棟洋房和一塊地皮，銀行存款又有數百萬元台幣。這樣龐大的錢財，都是他近二十年來苦心經營豆漿饅頭店的結果。

油條變金條，蒼天不負苦心人。

*

英國有一家老字號連鎖企業「馬克斯—李斯本森公司」，已有一百多年的歷史，其銷售營業範圍、顧客擁有量等在世界同行業中名列前茅。

公司的創始人叫麥克・馬克斯，在一八八一年俄國沙皇亞歷山大二世被刺後，隨著成千上萬的猶太人逃到英國。他身上只有幾個盧布，想做個小本生意餬口，可這位創業者不會說一句英語，還被英國貨幣的兌換弄得頭昏腦脹。當時英國用的是便士、先令和英磅，十二個便士為一個先令，二十個先令為一個英磅，馬克斯在很長時間裡都弄不清這些換算關係。

於是他做了一個用皮帶套在脖子上的托盤，盤裡放的貨物都是當時一便士可買幾件的婦女用品，如針、線、扣子、飄帶、小梳子等等。他在托盤前面請人用英語寫了一句話：「請別問多少錢，一律一便士。」買東西的人拿起貨物，放下一個便士就行了。這一簡單易行的辦法使他的營業額與日俱增，雖利微，卻多銷。「微利」慢慢積累，這樣，他把托盤改成了攤位，變流動式為固定式，從一個攤位到幾個攤位，最後發展到十家小鋪子。一八八四年，他和湯姆・本森合資，正式亮出了「馬克斯─李斯本森公司」的牌子。而他創業時的那句口號「一律一便士」竟成了百年來公司經營管理的座右銘，即以廉取勝，以質取勝，以誠取勝，以合理的價格出售優質產品，從一個托盤發展成了連鎖超級公司。

「一律一便士」遵循的就是薄利多銷的原則。

72 一頂「高帽」戴，業績滾滾來

有一次，中國廣東某廠廠長率團與美國歐文斯公司就引進先進的浮法玻璃生產線一事進行談判。

從中方來說，美方就是顧客。雙方在「部分引進」還是「全部引進」的問題上陷入僵局。中方的部分引進的方案，美方無法接受；中方的「推銷」，遭到對方的拒絕。

中方首席代表雖然心急如焚，但還是冷靜地分析了形勢，因為如果一個勁兒地說下去，可能會越說越僵。於是他聰明地改變了說話的戰術，由直接討論變為迂迴說話：「全世界都知道，歐文斯公司的技術是一流的，設備是一流的，產品也是一流的。」

中方首席代表轉換了話題，在微笑中開始談天說地，先誠懇而又切實地稱讚了美國的歐文斯公司，使對方由於談判陷入僵局而產生的沮喪情緒得以很大程度的消除。

「如果歐文斯公司能幫助廣東玻璃廠躍居全中國的第一，那麼，我們會非常感謝你們。」由於前面說的話，在一定程度上已消除對方心理上的對抗，所以，對方再聽到這些話時，似乎也順耳多了。

「美國方面當然知道，現在義大利、荷蘭等幾個國家的代表團，正在同我國北方省份的玻璃廠談判引進生產線的事宜。如果我們這個談判因一點點兒小事而歸於失敗，那麼，不但是廣東玻璃廠，而且更重要的是歐文斯公司方面將蒙受巨大的損失。這損失不僅是生意，更重要的是聲譽。」

中方首席代表的這場迂迴仗打得妙，沒有直接提到大家談判中敏感的問題，也沒有指責對方缺乏誠意，而只是用「一點點兒小事」來輕描淡寫，目的當然是沖淡對方對分歧的過度關注。

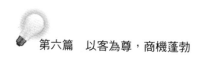

同時，指出談判萬一破裂將給美國方面帶來的巨大損失等，完全是站在對方立場上，替對方考慮的。這一點，對方無論如何是不能拒絕的。

「目前，我們的確因資金有困難，不能全部引進，這點務必請美國同行們理解和原諒，並且希望在我們困難的時候，你們能伸出友誼之手，為我們將來的合作奠定一個良好的基礎。」

這段話，迂迴到對方的心眼兒裡去了。在這段話中，對方已是己方的朋友，現在不是做什麼買賣，而是朋友之間的互相幫助。最後，歐文斯公司做出了讓步，同意中方部分引進的方案。

從這個例子中，我們可以看出「送他一頂高帽戴」的妙用。

73 讓他不得不說「是」

美國一位電視推銷員哈里森，講了這麼一件他親身經歷的有趣的事：有一次，他到一個新客戶那裡去拜訪，準備再向他們推銷幾台新式電動機。不料，剛踏進公司的大門，便挨了當頭一棒：「哈里森，你又來推銷你那些破爛東西了！你不要做夢了，我們再也不會買你那些玩藝兒了！」總工程師惱怒地說。

經哈里森瞭解，事情原來是這樣的：總工程師昨天到車間去檢查，用手摸了一下不久前哈里森推銷給他們的電動機，感到很燙手，便斷定哈里森推銷的電動機品質太差。因而拒絕哈里森今日的拜訪，推銷更是無門啦！

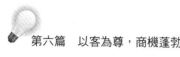

哈里森冷靜地考慮了一下，認為如果硬碰硬地與對方辯論電機的品質，肯定於事無補，不如轉而採用一種稱之為「蘇格拉底討論」法來攻克對方的堡壘。於是有了以下的對話：

「好吧，斯賓斯先生！我完全同意你的立場，假如電動機發熱過高，別說買新的，就是已經買了的也得退貨，你說是嗎？」

「是的。」斯賓斯答。

哈里森接著問：「當然，任何電動機工作時都會有一定程度的發熱，只是發熱不應超過全國電工協會所規定的標準，你說是嗎？」

「是的。」斯賓斯仍沒有異議。

哈里森說：「按國家技術標準，電動機的溫度可比室內溫度高出七十二度，是這樣的吧！」

斯賓斯趕緊說：「是的！但是你們的電動機溫度比這高出許多，喏，昨天差點把我的手都燙傷了！」

哈里森說：「請稍等一下。請問你們車間裡的溫度是多少？」

斯賓斯答：「大約七十五度左右，加上應加的七十二暗度的升溫，共計是在一百四十度左右。」

哈里森再問：「請問，如果你把手放進一百四十度的水裡會不會被燙傷呢？」

「那是完全可能的。」斯賓斯答。

哈里森聽後，笑著對斯賓斯說：「那麼，請你以後千萬不要去摸電動機了。不過，我們的產品品質，你們完全可以放心，絕對沒有問題。」結果，哈里森又做成了一筆買賣。

哈里森的成功，除了因為他的電動機品質的確不錯以外，他還利用了人們心理上的微妙變化。

當一個人在說話時，如果一開始就說出一連串的「是」字來，就會使整個身心趨向肯定的一面。這時全身呈放鬆狀態，容易營造一種和諧的談話氣氛，也容易放棄自己原來的偏見，轉而同意對方的意見。

74 和氣迎人，平情應物

誰生下來就是王侯將相之軀？所謂的天才，只不過是九十九分汗水加一分靈感所凝結起來的。每一個人無論從事何種職業，都得從頭做起，才能一步一步走向成熟。最初那一次次的失敗，恰是我們成功履歷上的一道道閃亮的喝采。

也許很多人都不會相信，眼前這個西裝革履、風度翩翩的中年男子曾是個落魄的失業工人。的確，相對於很多人來說，他從低谷走出重新創造生活的過程雖然艱辛，卻是迅雷不及掩耳之勢的。

在中國，原是塑料一廠的工人王基。塑料一廠宣布「破產」，王基就失業了。不久，王基的女友也失業了，更是雪上加霜。

當聽到蒲興市場進行招商的消息後，王基就找到市場辦公室選擇了煙酒、副食這一經營項目。由於市場剛成立不久，客流量小，且王基對於經營來說是個門外漢，一兩個月下來，商品損失連帶經營的商品項目單一等諸多不利因素，讓他連租金成本都賺不到。

王基懂得：現實生活中，沒有一種成功的碩果會自己落到你的手中，只有當有準備地迎接各種艱難困苦並為此付出代價的人，才能有機會品嘗勝利的甘美香甜。於是他毅然加大了投資，一面積累小商品知識，一面把原商店內的貨架進行了重新布置，門面上貼出了各種商品廣告，給商品都貼上了標價。還為了方便業務，特意買了一輛摩托車。這樣一來既減少了中間環節，又保證了貨真價實，真正讓顧客得到了好處。在經營商品項目上，王基針對眾多顧客的特別需求，但因利潤不高，一些經營者往往不願意經營的商品，如散打臭豆腐、黃醬、小商品、火柴、黏鼠膠等等，都擺上了櫃台。同時，王基跑遍了附近的北京醬油廠、萬康醬油廠、龍門米醋廠、南苑寬醋廠，跟他們廠家直接談業務，以保證供貨品質。

在經營中保證了品質、方便了消費大眾，王基又在服務態度、售後服務上下功夫。有一次王基遇到一位顧客，說是一個月以前從他那兒買的袋裝紫菜變味了，他二話沒說，就將新進的紫菜給了他一包。不想沒多久，他又來了，說是太腥了，王基說不要緊，袋裝吃不習慣，他那兒有散的，就給了他幾兩散裝紫菜。這樣，一來二去，王基回頭客多了起來，並且許多顧客都成了他的好顧問，他們就營業時間、該添些什麼商品、商品優缺點都直接回饋給他。

一位老大媽買了一瓶白醋，不到幾天又找了回來，說醋是黏的，是假醋。王基坦然告訴大媽醋是直接從廠家進的，讓她看了發票，並且當眾把她拿來的醋倒出來品嘗，結果發現醋根本不黏，品質沒問題。但老大媽說什麼就是不聽，說用這瓶白醋泡的菜不脆，王基說大概是您泡菜的方法不對，並把那瓶醋錢退給大媽。王基自認為這樣處理就可以了，沒想到她依然嘴裡不乾不淨的，王基就跟她頂撞了幾句。

一看王基敢跟她頂撞，她勃然大怒，衝過去動手推打王基，王基心裡的怨氣、委屈一下子爆發出來，但是被鄰攤和圍觀的人拉住了。這樣一鬧，市場管理人員發現了，立即把她勸到辦公室，並嚴厲批評了王基一頓。望著這位六十多歲的老人時，王基也後悔了，不管怎麼說，她畢竟是位老人，所以王基對她再三道歉，並親自攙扶著將她送回了家。這次的教訓使王基懂得了和氣生財、顧客就是上帝的真正涵意。

通過一段時間的經商歷程，王基在經營方式上的正確調整、轉變，生意慢慢地好了起來，銷售額也上去了。每月能有七八千元的盈利，但王基顯然並未滿足，憑著他百折不撓的毅力，更憑著他「和氣迎人，平情應物」的經營理念，他的店越做越大，生意也越來越好……

75 以和為貴

現在世界各地的公路上，每天都川流不息的跑著帶有「TAXI」標誌的計程車，可是你是否知道計程車的產生曾經歷過一番波折？

計程車於一九〇七年產生於美國紐約，創始人是亞倫。創業初期，他經歷了種種困難、壓力和挫折。當計程車在紐約正式營業後，計程馬車的生意立即馬上大受影響。於是，馬車伕們聯合起來採取行動，他們用馬車擋住計程車的道路，挑起糾紛，並砸破了幾輛汽車，使亞倫的計程車公司一兩個月不能正常營業。亞倫對父親訴說自己的苦楚時，他克制不住心中的憤怒，大聲吼道：「這樣下去，我會發瘋的。」

「我以為你已經成熟了，想不到你的自制力這樣差。」父親平靜地對亞倫說。

「我費盡心血創立起來的事業，眼看快被那些無賴毀了，我能無動於衷嗎？」亞倫很激動。

「他們並沒有搞垮你，只不過是你的經營遇到一些阻力。」他的父親仍然心平氣和地說：「你應該看得出來，車伕們的作法，對你，不，應該說是對計程車這個行業的發展是很有利的。」

「有利？」亞倫吃驚地問道，「怎麼會有利？」

「做生意講究鬥智不鬥氣。」他父親說：「只要你手段高明，經營得法，對方力量再大也要服輸。在生意場中，沒有憑武力、動野蠻把對方打倒的。你之所以覺得自己被他們逼得無路可走，是因為當這一問題爆發時，你心裡就失去了平衡，讓憤怒代替了你的智慧，所以才會陷入一籌莫展的困境。你應該知道，只有平靜的水面才能顯示事物的影像，在波濤洶湧的水面上，你什麼也看不到。」

老亞倫還提醒兒子注意：「計程車是大勢所趨，是任何人也阻擋不住的，如果你放棄這一行業，別人就會去做，只要你冷靜下來，就會想出解決的辦法。」

父親的話使亞倫如夢初醒，他開始認真考慮。他首先舉行了一個記者招待會，表示對馬車伕的同情，並提出要幫助馬車伕轉入計程車行業，而且用具體數字說明計程車的司機比馬車伕的收入要高許多。其次他還發動輿論界撰文指明，計程車是時代的必然產物，最終將代替馬車。另外他還撰文批評馬車伕的行動，並督促警方保護計程車行業。不久，車伕們紛紛改行，紐約的計程車終於全部取代了馬車。

老亞倫的話很有哲理，那就是：只有平靜的水面才能顯示事物的影像，在波濤洶湧的水面上，你什麼也看不到。

76 鎖定特定消費族群

人們發現了一個奇怪的現象，大本良雄的日伊商店百分之八十的顧客都是女人，而男人則多半是陪著女人來的。白天來的顧客大部分都是家庭主婦，而下午五點半以後多是上班一族。

起初，他考慮到商品的陳列方法，要使已婚婦女和未婚小姐產生購買欲，必須看時間來更換商品以迎合她們的口味。有了這項方案之後，白天他就擺上婦女用的衣料、內衣、廚房用品、手工藝品、實用衣著等商品。

但是一過了五點半，這兒就完全變成了另外一個世界，到處是年輕的、充滿青春的商品。光是襪子一類就有數十種色彩。內衣、迷你裙、迷你用品等等，排列出年輕人喜歡的大膽款式和花樣，凡是年輕小姐需要的可說應有盡有。盡量提供可喚起年輕人購買欲望的「欲望商品」，婦嬰用品等商品統統收了起來。

效果如何，還要靠實際調查，大本良雄又積極地開始登門調查市場。「買高級衣料我們就去別的百貨店，買襪子我們就去日伊。」顧客們向調查員這麼說。他們有這種反應使大本產生了自信，於是大本就竭盡全力來推銷襪子。他通過各種渠道，使得自己的襪子不僅價格低於同行，而且種類繁多，真正達到了「價廉物美」。這種做法果然成功，兩個月後襪子的銷售額便增至以前的五倍多。襪子的推銷政策成功後，他又開始賣高級的外國產品。

「雖然所銷售的多是中檔的本國製大眾商品，但是提高商品的身價也非常重要，有了高級品，店裡的氣氛也會高尚而優雅起來。」這種營業方針又大有收穫。

五點半之前的銷售大獲成功，大本又精心去觀察五點半以後的顧客，不僅人數多，而且五點半以後一小時的銷售額便有平常一小時的二倍，尤其是服裝的銷路最佳。他就傾其全力來銷售年輕女性用的流行服裝用品，照明設備的光線和窗簾的設計也對吸引顧客有很大的關係，在這兩方面他都下過一番功夫。

如此，日伊的流行商品比別處便宜的消息，吸引了成千上萬的新顧客，使他在半年後又設立了六家分店，三年後他的分店遍布全國，共有一百零八家。

「說起來，我成功的原因是隨時抓住女性們所喜歡的流行商品趨勢和她們的消費動向，又能供應比別人價錢低廉的商品。對已婚婦女和未婚小姐光顧的時間差異，我們又想出一個新的銷售法來應對。」大本這樣總結他們的經營心得。他的經驗值得參考。

一位著名的零售商——德川庫一郎在做了四十五年生意後，歸納出了一條商界「規律」，他說：「無論任何時代，最好做的生意就是做女人的生意。」因而，我們若想快速成功，不妨仔細地「盯住女人」。

77 用小魚釣大魚

近年來，中國有人把開始經商，稱之為「下海」。下了海的人們，蝦有蝦招，蟹有蟹路，用各種高招妙計「捕魚」，一時間好不熱鬧。

在四川有個叫魏金富的人，原來很窮，沒有固定收入，做過推銷員也當過店員。後來一個偶然的機會，一個神奇絕妙的點子突然闖入了他的腦海，他欣喜若狂，從此走上了致富之路。

某天，他路過一家魚店，忽然被一對母女的對話吸引了。那小孩子想買漂亮可愛的金魚，媽媽不同意，說：「你手上已經抱了這麼多玩具了，還要花錢？那金魚幾塊錢一條，好貴啊！」但是小孩不肯走，母親只好硬拉，最後小孩哭哭啼啼的走開了。

這一件事本來沒什麼大不了的，但魏金富卻感到其中有什麼東西觸動了他，觸動了他的靈感。他想：小孩有那麼多玩具，卻要金魚，說明在小孩子眼裡，根本不知道近百元的玩具和幾塊錢的金魚誰貴，只知道金魚漂亮、可愛得多。小孩子的消費觀念具有不穩定性，今天想要這個，明天想要那個，只要抓住這個不穩定趨向的時機就容易賺錢。何不用免費贈送金魚的辦法來推銷更貴的商品呢？金魚可以用來推銷食品、服裝、書籍等，難道不能用來成為遊戲贏者的獎品嗎？金魚可愛，蝴蝶不可愛嗎？螢火蟲不可愛嗎？這些東西價格不很高，但漂亮，可能會吸引小孩的東西，都可用來幫助推銷，還可以用小東西來吸引大眾，還可以倒過來用大東西幫忙推銷小東西，用暢銷品帶著賣出滯銷品……，這個點子讓他思緒萬千，激動不已。

他找五、六個朋友借了七千元人民幣，買了許多玩具、食品，這些都是利用低價時機買進的。他又來到海產世界中心，買了二千條小金魚，價格比大金魚便宜許多，他還請人印了許多海報。於是，他的戰幕全面拉開了。

他的小攤散布於整個城市，只要孩子們多的地方就有他的小攤。眾多海報吸引孩子們拉著父母前去買東西。隨著海報的散布，越來越多的孩子拖著父母來了，魏金富獲得了較高的收入。

魏金富致富還有一個很重要的原因就是：他從不自己一個人親自去守著小攤

子來實施他的點子，而是請別人來賣，他自己在各地將這種形式的銷售法向鄰近城市推廣，不斷拓展他的業務。

魏金富用小魚釣大魚的起家方法，的確讓人佩服。

把生意做大：77個創意致富的故事

作　　者　劉　燁

發 行 人　林敬彬
主　　編　楊安瑜
編　　輯　吳瑞銀
美術編排　帛格有限公司
封面設計　Chris' Office

出　　版　大都會文化事業有限公司　行政院新聞局北市業字第89號
發　　行　大都會文化事業有限公司
110台北市信義區基隆路一段432號4樓之9
讀者服務專線：(02)27235216
讀者服務傳真：(02)27235220
電子郵件信箱：metro@ms21.hinet.net
網　　　　址：www.metrobook.com.tw

郵政劃撥　14050529 大都會文化事業有限公司
出版日期　2009年1月初版一刷
定　　價　220元
I S B N　978-986-6846-56-4
書　　號　Success-038

Metropolitan Culture Enterprise Co., Ltd.
4F-9, Double Hero Bldg., 432, Keelung Rd., Sec. 1, Taipei 110, Taiwan
Tel:+886-2-2723-5216　Fax:+886-2-2723-5220
E-mail:metro@ms21.hinet.net
Web-site:www.metrobook.com.tw

大都會文化 METROPOLITAN CULTURE

國家圖書館出版品預行編目資料

把生意做大：77個創意致富的故事 / 劉燁著 --
初版. -- 臺北市：大都會文化, 2009.1
面； 公分. -- (Success；38)

ISBN 978-986-6846-56-4 (平裝)

1.創意　2.成功法

176.4　　97023879